L'EXPÉDITION

DU MEXIQUE

PARIS. — IMPRIMERIE DE J. CLAYE
RUE SAINT-BENOIT, 7

L'EXPÉDITION

DU MEXIQUE

PAR

M. MICHEL CHEVALIER

MEMBRE DE L'INSTITUT, SÉNATEUR

EXTRAIT

DE LA *REVUE DES DEUX MONDES*

LIVRAISONS DES 1er ET 15 AVRIL 1862

PARIS

E. DENTU, LIBRAIRE AU PALAIS-ROYAL

GALERIE D'ORLÉANS, 13 ET 17

1862

EXTRAIT DE LA REVUE DES DEUX MONDES
LIVRAISON DU 1er AVRIL 1862

L'EXPÉDITION

DU MEXIQUE

I.

LA GUERRE DE L'INDÉPENDANCE ET LES RÉVOLUTIONS MEXICAINES.

Une expédition, dont l'opinion publique s'est montrée étonnée, est dirigée contre un des états du Nouveau-Monde remarquable entre tous par son climat, la richesse de son territoire et l'abondance de ses mines d'argent, fort important par son admirable situation entre les deux océans Atlantique et Pacifique, qui l'indique comme un intermédiaire futur entre les deux grands foyers de population et d'industrie, de connaissances et de richesses de l'ancien monde, l'Europe occidentale d'un côté, la Chine et le Japon de l'autre. C'est la république du Mexique, naguère le royaume de la Nouvelle-Espagne. La France est représentée dans cette entreprise par une petite armée au complet de toutes armes, dont l'effectif est d'environ sept mille hommes. L'Espagne y a envoyé un contingent respectable; l'Angleterre y a une escadre; mais, dans l'armée qui du port de la Vera-Cruz montera vers Mexico, les troupes britanniques ne doivent pas figurer. Les événemens diront à qui la prépondérance aura appartenu dans l'entreprise. Amour-propre national à part, il serait surprenant qu'elle ne revînt pas à la France, car la coopération matérielle de l'Angleterre est à peu près insignifiante; elle y prête son concours moral, qui est d'un grand prix, mais elle n'y apporte pas de moyens d'exécution. Quant à l'Espagne, plus elle s'effacera, plus la réussite sera facile et rapide. En parlant ainsi de l'Espagne, l'idée de la rabaisser ou de lui contester sur la marche des événemens généraux de notre temps sa part d'influence légitime est loin de notre esprit. Nous sommes de ceux qui saluent avec bonheur la renaissance de cette nation autrefois si puissante, chez laquelle un système de compression politique et religieuse tout à la fois, qu'on pourrait croire imité du despotisme asiatique, avait étouffé tous les germes de grandeur et de progrès. L'Espagne rentrée dans les traditions représentatives et les voies de la liberté politique, l'Espagne affranchie par ses propres efforts de cette exécrable juridiction, qui érigeait en crime toute manifestation libre de l'intelligence, et d'après laquelle l'*acte de foi* par excellence consistait à brûler en solennité des malheureux signalés comme coupables d'hérésie, l'Espagne travaillant à se réconcilier de toutes parts avec la civilisation moderne, a nos vives sympathies, de même qu'elle a celles de toute l'Europe libérale; mais ici, dans cette affaire spéciale de l'expédition du Mexique, des circonstances particulières que nous aurons occasion de signaler commandent à l'Espagne de paraître aussi peu que possible, et le mieux eût été qu'elle n'y prît aucune part.

On parle donc de Paris, à l'heure qu'il est, sur la plage de la Vera-Cruz. Ce n'est point la première fois que des hommes armés débarqués sur ces rivages s'entretiennent de cette capitale, de ses charmes et de ses merveilles. La chronique rapporte que lorsque Cortez y eut mis pied à terre et qu'il parcourait avec ses principaux compagnons l'emplacement sur lequel il allait fonder la primitive Vera-Cruz (c'était le jour du jeudi saint, en 1519), un de ces vaillans jeunes gens se prit à fredonner une ballade espagnole sur l'enchanteur Montésinos, où il était fait mention de la *grande ville*. Je ne prétends pas cependant que ce fût un pronostic de la tentative qui aujourd'hui amène les enfans de la France dans ces mêmes contrées.

Quant à l'objet définitif et suprême de l'expédition, le champ reste ouvert aux suppositions, car il n'a pas été clairement exposé. Dans ce que nous en allons dire, nous partirons donc d'une hypothèse, sans nous dissimuler que lorsque le raisonnement politique a un fondement pareil, il a l'inconvénient de tenir du roman. Notre supposition sera celle-ci : l'origine et l'occasion de l'expédition, c'est la série d'outrages et de violences que les autorités mexicaines se sont permis envers des citoyens français, espagnols ou anglais, et même envers la personne du chef de la légation française, M. Dubois de Saligny ; mais l'effet probable et attendu des gouvernemens eux-mêmes, aussi bien de celui d'Angleterre que de ceux d'Espagne et de France, sera de renverser le système de gouvernement établi au

Mexique depuis l'indépendance, système qui a complétement échoué à garantir à ce beau pays les élémens les plus indispensables de l'ordre social et de la prospérité des états. Le complément de notre hypothèse, c'est que le système monarchique, mais d'une monarchie parfaitement indépendante et aussi libérale que possible, y sera substitué à une république qui n'est que nominale et dérisoire, car l'essence du gouvernement républicain, c'est le règne de la loi, et, dans les temps modernes, d'une loi faite dans l'intérêt de tous. Or au Mexique il n'y a plus de loi, et ce qui y règne, c'est le caprice, la vanité, l'ignorance et l'avidité d'une poignée de chefs militaires faisant tour à tour d'éphémères apparitions au pouvoir.

Je ne voudrais pas que ces paroles me fissent passer pour un adversaire systématique du gouvernement républicain. La république est excellente là où elle peut réussir, là où elle offre le meilleur mécanisme pour élever la condition morale, intellectuelle et matérielle des populations, susciter la prospérité et la grandeur nationale. Elle est détestable là où elle détermine l'abaissement des mœurs publiques et privées, où elle fait obstacle au progrès des lumières et au développement de la richesse collective et individuelle, où elle mène l'état de catastrophe en catastrophe et le pousse à l'abîme. Depuis l'époque de Franklin et de Washington jusqu'à la crise que la question de l'esclavage vient de provoquer au sein des États-Unis, la république a été le levier du progrès chez les Américains du Nord. La forme républicaine et l'esprit du *self-government* porté même à sa dernière limite y ont enfanté des merveilles : donc la république y a été parfaitement à sa place. Au contraire au Mexique, depuis l'indépendance jusqu'à l'époque actuelle, tout a été de mal en pis. Il n'y a eu de progrès que dans la rapidité de la décadence : donc la république y a été un fléau; mais aussi bien elle n'y a été qu'un mensonge.

Il est un point facile à établir, l'histoire à la main. Si le système républicain fut proclamé au Mexique après l'indépendance, ce fut principalement par l'effet de la politique aveugle et obstinée qui caractérisait le cabinet de Madrid en ce temps-là. En se déclarant indépendans, les Mexicains avaient eu à cœur de rompre tout lien de sujétion envers une métropole par laquelle ils se jugeaient opprimés; mais il n'est pas impossible de montrer que les institutions monarchiques ne leur déplaisaient pas, et qu'ils ont fait à peu près tout ce qu'il était humainement praticable pour les conserver chez eux. C'est ce que nous allons essayer par un rapide examen des événemens principaux de l'indépendance. Ce coup d'œil sera aussi à cette fin de reconnaître les élémens en présence desquels vont se rencontrer les trois puissances européennes alliées.

I.

La crise d'où devait sortir l'indépendance commença à la nouvelle du renversement du trône des Bourbons d'Espagne par Napoléon Ier en 1808. Le premier mouvement de toutes les classes qui pouvaient manifester une opinion fut un débordement d'enthousiasme pour Ferdinand VII, qui en était si peu digne, mais que l'adversité, tombant si rudement sur cette tête si jeune, entourait à ce moment d'une séduisante auréole. Tous les *ayuntamientos* (corps municipaux), se portant fort pour les populations, envoyèrent au vice-roi, qui représentait à Mexico la couronne d'Espagne, des adresses où respirait le plus grand dévouement en faveur du prince que le dominateur de l'Europe tenait captif dans un château du Berri. Le conseil municipal de Mexico se signala par l'ardeur de ses démonstrations. A cette explosion de sentimens royalistes se mêlèrent tout naturellement, dès le premier jour, chez les Mexicains, le désir et l'espoir d'être comptés enfin pour quelque chose. Le pouvoir royal, de qui toute autorité émanait directement dans la Nouvelle-Espagne, était subitement anéanti, puisque Ferdinand VII avait abdiqué comme son père, et que, reployé sur lui-même sous les ombrages de Valençay, il ne donnait de là aucun signe de vie à ses partisans. Aucune des juntes qui s'étaient formées dans la Péninsule n'avait un titre, pas même un simple billet du prince détrôné, transmis par la fidèle main de quelque Blondel, dont elle pût s'autoriser pour se dire instituée de lui. Les habitans de la Nouvelle-Espagne reprenaient donc par la force des choses possession d'eux-mêmes et avaient à pourvoir de leurs propres mains à leurs destinées. En cette conjoncture, le mot de souveraineté nationale, qu'on avait lu en cachette dans les livres français échappés aux recherches de l'inquisition, et dont les intelligences d'élite s'étaient emparées pour ne plus s'en dessaisir, devait de lui-même se placer sur les lèvres des Mexicains. Cette pensée, une fois exprimée, se répandit avec la vitesse de l'éclair et fit battre tous les cœurs, car rien n'est plus contagieux que les principes dont le temps est venu. Quoi de plus légitime, dans les circonstances graves où l'on venait d'être jeté par le hasard des événemens, que d'avoir une junte mexicaine semblable aux corps politiques sortis en Espagne des entrailles du pays pendant l'éclipse totale du gouvernement national? Mais alors apparurent les difficultés que le régime colonial de l'Espagne et son système politique devaient nécessairement soulever quelque jour.

Le Mexique n'avait pas été gouverné d'une manière pire que les autres possessions espagnoles du continent américain. Il l'avait même été moins mal. Moins éloigné de l'atteinte de la Péninsule, offrant une population indigène plus nombreuse, plus avancée au moment de la conquête, et d'une plus grande aptitude pour les arts utiles; pour le moins égal aux plus favorisées en avantages naturels, mieux partagé même que le Pérou sous le rapport de la richesse minérale, plus productif que tout le reste ensemble pour le trésor de la mère-patrie, où il versait tous les ans une somme considérable, le Mexique avait été, de la part du conseil des Indes et du cabinet espagnol, l'objet de plus de sollicitude. Les abus y avaient été réprimés d'une main moins indolente. Choisis avec plus de discernement, les fonctionnaires chargés de le gouverner, sous le titre imposant de vice-roi, s'étaient moins absorbés dans le souci de se créer une fortune personnelle, en négligeant les intérêts du *royaume* (1) confié à leur patriotisme. Plusieurs avaient été des hommes éminens par leur intelligence et pleins de sentimens généreux qu'ils avaient mis en œuvre. Le comte de Revillagigedo et plusieurs autres auraient été cités partout comme d'habiles administrateurs, des amis de l'humanité, des promoteurs de la civilisation.

Les Indiens, c'est le nom sous lequel on désigne la population indigène par suite de l'erreur de Christophe Colomb, qui croyait avoir abordé dans l'Inde, et non pas avoir découvert un nouveau continent, les Indiens avaient été protégés au Mexique plus efficacement que dans les autres colonies. La grande reine Isabelle, qui toute sa vie avait éprouvé une vive compassion pour eux, les avait fortement recommandés au sentiment chrétien de ses successeurs, et c'est une justice à rendre à la cour d'Espagne, qu'elle ne s'était pas montrée indigne de ce touchant héritage, particulièrement dans le Mexique. Elle avait combattu les excès des oppresseurs des Indiens, autant que c'était possible de la part d'un gouvernement peu éclairé sur les conditions mêmes de la civilisation, qui résidait à dix-huit cents lieues de là, et dans un système politique qui excluait toute garantie représentative et toute publicité. L'homme de génie qui avait renversé l'empire aztèque de Montezuma et de Guatimozin, Fernand Cortez, avait témoigné de la façon la plus positive, par son testament, de la nécessité qu'il sentait de se montrer équitable envers cette population vaincue et subjuguée. En cela instrumens le plus souvent fidèles de la pensée royale, le clergé et les intendans, fonctionnaires civils que dans la dernière moitié du XVIIIe siècle on avait mis à la tête des provinces composant la vice-royauté de la Nouvelle-Espagne en remplacement d'une organisation défectueuse qui pesait extrêmement sur les indigènes, avaient fait de louables efforts afin d'arracher cette population, si intéres-

(1) C'était le titre donné à la colonie dans tous les actes officiels.

sante par son amour du travail et par sa soumission, à la cupidité et aux mauvais traitemens des héritiers des *conquistadores* et des colons, leurs imitateurs. Au commencement du XIXe siècle, lorsque Alexandre de Humboldt visita le Mexique, cet observateur éclairé et profond y trouva les Indiens dans une condition fort supérieure à la servitude sous plusieurs rapports, et même au-dessus du servage féodal. Le système des *encomiendas*, qui avait mis cette race dans une situation fort analogue à celle des anciens paysans de l'Europe attachés à la glèbe, avait disparu de lui-même par la mort des *encomenderos* ou feudataires, ou avait été aboli par des prescriptions directes de l'autorité; mais, en cessant d'être esclave ou serf, l'Indien n'était pas devenu libre; il portait les chaînes d'une minorité légale qui l'accompagnait jusqu'au tombeau. Dans la pensée de le soustraire à des actes où la violence se mêlait à la fraude, on avait déclaré les indigènes inhabiles à contracter pour toute somme au-delà de 5 piastres (25 francs). On en tenait la majeure partie parquée dans des villages où il était interdit aux blancs de s'établir, mais où eux-mêmes étaient forcés de résider. Ils payaient un tribut annuel, ainsi dénommé, qui par cela même était pour eux une humiliation. En retour, ils étaient exempts de l'impôt indirect de l'*alcavala*; mais ils eussent mieux aimé subir l'*alcavala* et ne pas être tributaires. Ils n'étaient plus astreints à la *mita* ou travail forcé dans les mines; cette charge, à laquelle l'indépendance seule a mis fin au Pérou, avait cessé au Mexique depuis assez longtemps. Sans doute une grande quantité d'Indiens travaillaient dans ces filons métalliques profondément enfouis au sein de la terre, mais c'était librement, et ils en retiraient de bons salaires.

Un certain nombre d'Indiens étaient dans l'aisance; il y avait d'abord la catégorie des caciques ou nobles indiens descendant des chefs aztèques du temps de Montézuma, qui étaient affranchis du tribut et traités avec des égards particuliers. On avait même eu, à une certaine époque, l'intention de leur départir une bonne instruction par le moyen de colléges qui leur eussent été réservés. Cette heureuse pensée avait reçu un commencement d'exécution, mais on s'était donné le tort de n'y pas persévérer, et même les familles plus ou moins riches d'Indiens nobles restaient privées d'éducation. En dehors de cette classe, des circonstances diverses, des exceptions qui s'étaient maintenues, avaient procuré la richesse à quelques-uns. M. de Humboldt cite une vieille femme qui mourut à Cholula, ville importante sous les Aztèques, pendant qu'il était allé y recueillir des souvenirs, et qui laissa à ses enfans des champs cultivés en *maguey* ou aloès mexicain (dont le suc sert à faire une sorte de vin) d'une valeur de plus de 300,000 francs. Il rapporte que d'autres familles indiennes avaient des fortunes de 800,000 francs et d'un million; mais en général l'Indien était pauvre, et dans un grand nombre de cas confiné absolument en un petit cercle tracé autour de son village, où il n'avait que peu de moyens de travail et d'existence.

Les classes de sang mêlé, provenant principalement du croisement des Indiens avec les blancs, et pour une faible partie du mélange des nègres avec les deux autres races, n'étaient guère mieux loties que les Indiens de race pure. Tous ces métis fort nombreux, rangés sous la dénomination de *castes,* étaient avilis légalement et de fait (*infames de derecho y hecho*), selon l'expression d'un mémoire de l'évêque du diocèse de Michoacan que nous mentionnerons bientôt. Ils payaient le tribut de même que les Indiens; ils n'étaient pas tenus, comme eux, dans cette perpétuelle minorité qu'on avait imaginée à Madrid pour les protéger, mais ils subissaient beaucoup d'exactions que l'on commettait au mépris de la loi en la tournant ou en l'interprétant d'une manière frauduleuse.

En somme, malgré la protection dont ils étaient l'objet de la part de la cour de Madrid et quelquefois par l'effet malheureux de cette protection mal conçue, le sort de la plupart des Indiens, qui formaient la majeure partie de la population du Mexique, restait misérable au moral comme au physique, et il y avait lieu de présumer que cette race, chez laquelle n'était pas éteint le souvenir du temps où elle avait été la maîtresse du pays, pourrait bien à un moment donné se soulever et se porter à tous les excès qu'un ressentiment longtemps comprimé peut inspirer à un peuple qu'on a tenu en dehors des bienfaits et des lumières de la civilisation. Il était urgent depuis quelque temps déjà de pourvoir, par des mesures décisives du genre de celles que peut suggérer le sentiment de la liberté, à l'amélioration de la condition des Indiens : pareillement pour les métis. A la fin du XVIIIe siècle, le gouvernement de la métropole avait reçu sur ce point des avertissemens qu'il eut le tort de négliger. M. de Humboldt a donné entre autres un extrait d'un mémoire qu'un vénérable prélat, l'évêque du diocèse de Michoacan, avait adressé au roi en 1799, de concert avec son chapitre, sur l'état déplorable des Indiens et des *castes.* Les abus dont les uns et les autres étaient les victimes et l'abaissement moral que l'oppression déterminait chez eux y étaient tracés d'une main ferme. Les malheurs de l'avenir y étaient prédits avec une sinistre clarté, que la bienveillance et l'esprit de charité du pieux évêque ne parvenaient pas à voiler. « Quel attachement, disait-il, peut avoir pour le gouvernement l'Indien méprisé, avili, presque sans propriété et sans espoir d'améliorer son existence? Il est attaché à la vie sociale par un lien qui ne lui offre aucun avantage. Qu'on ne dise point à votre majesté que la crainte seule du châtiment doit suffire pour conserver la tranquillité dans ces pays; il faut d'autres motifs, il en faut de plus puissans. Si la nouvelle législation que l'Espagne attend avec impatience ne s'occupe pas du sort des Indiens et des gens de couleur, l'influence du clergé, quelque grande qu'elle soit sur le cœur de ces malheureux, ne le sera pas assez pour les tenir dans la soumission et dans le respect dus à leur souverain. »

A l'égard de la population blanche qui s'était peu à peu développée au Mexique comme dans les autres royaumes américains des souverains espagnols, on avait adopté des règles qui avaient paru savantes et habiles, mais desquelles toute liberté publique était absente. Chacun des états de l'Europe qui avaient fondé de grands établissemens dans le Nouveau-Monde les avait modelés sur ses propres institutions. Ainsi, dans les colonies anglaises, le génie de la mère-patrie, qui ne peut se passer des assemblées délibérantes, avait obtenu satisfaction. Rien de pareil n'existait dans les colonies espagnoles. Nulle part en Amérique on ne maintenait dans une pareille nullité politique les habitans d'origine européenne; c'est qu'aussi nulle part en Europe l'exercice du pouvoir absolu n'était porté au même point que dans la Péninsule. Aucun gouvernement ne professait et ne pratiquait à ce point l'opinion que les peuples sont essentiellement des mineurs, et que l'exercice de leur libre arbitre est contraire au droit du souverain, funeste à leurs propres intérêts, si même ce n'est une sorte de rébellion contre la divine Providence. Certes en France, depuis Louis XIV, le pouvoir absolu existait, de la façon la plus blessante pour le bon sens et pour la dignité des peuples, dans les formules du gouvernement et dans sa pensée avouée ou secrète. La finale des édits des rois, *car tel est notre bon plaisir*, fournit, avec diverses maximes que les historiens ont recueillies, la preuve de l'idée, exagérée jusqu'à l'absurde, que le gouvernement royal s'était faite de sa prérogative; mais le pouvoir absolu du roi de France était tempéré non pas seulement par *les chansons*, comme on disait alors, mais aussi par un certain ressort de l'opinion que les parlemens, malgré leur courte vue, ne contribuaient pas peu à entretenir, et par l'imperturbable effort des écrivains. En Espagne, l'inquisition avait brisé toutes les résistances et organisé dans les régions de la pensée le silence des tombeaux. Le seul hommage que reçût dans la Péninsule la liberté humaine, c'étaient quelques protestations qui restaient enfouies au fond de l'âme ulcérée des hommes généreux.

La politique du gouvernement espagnol au Mexique, comme dans ses autres possessions, offrait les mêmes traits principaux qu'on retrouve dans toutes les tyrannies systématiques : diviser pour régner, entretenir les dissensions entre les diverses classes, d'autant plus qu'elles avaient plus de moyens d'influence, contenir et enchaîner les intelligences, parquer l'homme dans l'enceinte étroite de son individualité solitaire où il est nécessairement faible, en interdisant l'usage de l'association; centraliser le pouvoir de sorte que l'exercice entier en fût réservé aux agens directs de la métropole. C'était encore une règle de tenir les colonies isolées les unes des autres, de peur qu'elles ne cherchassent, dans un effort commun, la chance de respirer plus librement.

Voici en quels termes M. Lucas Alaman, qui pourtant est un juge débonnaire quand il s'agit du gouvernement des Espagnols au Mexique, rend compte de la manière dont était réglée la pâture de l'esprit dans toute l'étendue de l'Amérique espagnole. « La faculté d'imprimer n'était pas seulement subordonnée, comme en Espagne, à la surveillance des deux autorités civile et ecclésiastique, rien ne pouvant être imprimé sans la permission de l'une et de l'autre, permission qui ne s'accordait qu'après un examen fait par des personnes commissionnées à cet effet, dont le rapport devait porter que l'écrit ne contenait rien qui fût contraire aux dogmes de la sainte église romaine, aux prérogatives de sa majesté et aux bonnes mœurs. En outre, on ne laissait imprimer en Amérique aucun livre qui traitât des affaires des Indes (l'Amérique), sauf l'approbation du conseil de ce nom. L'ordre avait été donné de retirer tout ce qui circulait sans que cette condition eût été remplie. Les restrictions étaient observées avec tant de rigueur, que Clavigero ne put faire imprimer en langue castillane dans la Péninsule même son histoire du Mexique, et fut réduit à la faire traduire en italien et imprimer en Italie. Les livres publiés en Espagne ou à l'étranger, concernant les Indes, ne pouvaient être délivrés dans les colonies à moins de la même permission. Pour veiller à ce que ces conditions fussent remplies, et pour empêcher l'entrée dans les colonies de « tous livres traitant de matières profanes, ou fabuleuses, ou des romans, » le contenu de tout ouvrage qu'on embarquait à cette destination devait être spécifié sur les registres de bord. Des proviseurs ecclésiastiques et des officiers de la couronne devaient assister à la visite des navires, pour reconnaître les livres. Ensuite venait l'examen de l'inquisition. Il y avait eu quelque relâchement dans ces dispositions, mais non pas dans la dernière. »

Une des précautions que le gouvernement espagnol considérait comme particulièrement efficaces pour maintenir sa domination dans ses colonies était une préférence absolue pour les natifs d'Espagne, à l'exclusion des blancs *créoles*, c'est-à-dire nés dans le pays. Les Espagnols proprement dits formaient ainsi une caste à part dont étaient repoussés même leurs propres enfans : par cela seul que ceux-ci avaient vu le jour au Mexique, ils étaient suspects. Aux péninsulaires seuls les emplois politiques, administratifs et judiciaires. Que ce plan contre nature qui séparait le père des enfans, souvent même le frère du frère lorsque l'un était né en Espagne et l'autre au Mexique, eût été adopté par le cabinet de Madrid comme un système de gouvernement possible à perpétuer, on ne doit pas beaucoup s'en étonner. Porté à un certain point, le despotisme se fait les plus étranges illusions : il se croit tout possible, il déroule à perte de vue les conséquences de son mauvais principe.

II.

Le système économique établi au Mexique, comme dans les autres colonies espagnoles, avait été celui que pratiquaient, il y a trois cents ans, tous les états de l'Europe envers leurs possessions du Nouveau-Monde. Il était dans les idées de ce temps-là que les colonies fussent pour le profit exclusif de la métropole, ne commerçant qu'avec elle et n'ayant d'industries que celles dont s'accommodait le monopole métropolitain. Ainsi il était de principe alors que certaines fabrications leur fussent interdites, afin qu'elles présentassent un marché assuré aux productions de la mère-patrie. L'Angleterre, qui accordait à ses colonies beaucoup plus de libertés que les autres états, s'était souvent montrée presque aussi rigoureuse sur ce point que les rois castillans. C'est ainsi qu'on avait proposé au parlement d'interdire, dans l'intérêt des forges anglaises, aux habitans de la Pensylvanie de fondre les minerais de fer que cette province offrait en abondance. C'était aussi une maxime de cette période de l'histoire que les colonies fussent hermétiquement fermées au reste du monde. L'Espagne appliqua à outrance ces préceptes, communément admis à cette époque, et y persévéra même sans y rien changer, ou à peu près, lorsque les autres en eurent mitigé les rigueurs. Presque tous les articles manufacturés devaient venir de la mère-patrie. On permettait seulement que le chef de famille fît fabriquer dans sa maison les articles usuels nécessaires à ses serviteurs. L'accès du pays était interdit aux étrangers, et plus sévèrement à ceux dont on craignait que la conversation n'excitât chez les habitans quelques idées d'innovation. Il fallut à M. de Humboldt une autorisation royale, qu'il alla chercher à Aranjuez, pour qu'il pût faire dans les colonies espagnoles cette grande exploration des régions équinoxiales qui a été si profitable à la science. De la meilleure foi du monde, M. Lucas Alaman, qui, malgré une instruction exceptionnelle parmi les Mexicains, restait imbu des vieilles maximes de son ancienne mère-patrie, exprime, dans sa vaste publication sur l'*indépendance du Mexique* (1), le regret que M. de Humboldt ait pu ainsi réunir

(1) Cet ouvrage, intitulé *Historia de Mejico desde los primeros movimientos que prepararon la independencia en el año de 1808 hasta la época presente,* forme cinq forts volumes in-8°.

les matériaux de son *Essai politique sur la Nouvelle-Espagne*, ouvrage aussi remarquable par la sobriété et la modération des réflexions qui y sont présentées, touchant l'organisation de la société dans l'Amérique espagnole, que par la profusion des renseignemens scientifiques. Suivant lui, ce beau livre contribua à provoquer le mouvement de l'indépendance au Mexique en inspirant aux Mexicains « une idée très exagérée de la richesse de leur pays, » d'où vint, suivant lui, « qu'ils se figurèrent qu'une fois indépendant, le Mexique serait la nation la plus puissante de l'univers. »

Le commerce, même avec la métropole et les possessions espagnoles, n'était permis que par deux ports : celui de la Vera-Cruz pour l'Espagne, celui d'Acapulco pour les Philippines, par où l'on communiquait avec la Chine. De toute l'Espagne, deux villes seulement, Cadix et Séville, pouvaient commercer avec le Mexique. Les négocians de ces deux cités prenaient leurs aises à l'égard de cette grande colonie. Tous les trois ou quatre ans, pas plus souvent, un certain nombre de navires chargés des marchandises destinées au Mexique faisaient voile de conserve, du port de Cadix, sous la dénomination de la *flotte*. Tout ce qu'ils apportaient était vendu d'avance à huit ou dix maisons de Mexico, qui exerçaient ainsi le monopole. A l'arrivée de la flotte de Cadix, une grande foire se tenait à Xalapa, et l'approvisionnement d'un empire se traitait, dit M. de Humboldt, comme celui d'une place bloquée. La contrebande ne laissait pas que de corriger un peu les effets de ce régime si restrictif, et elle avait été facilitée à diverses époques par le privilége qui avait été accordé à l'Angleterre, sous le nom d'*asiento*, d'envoyer tous les ans dans l'Amérique espagnole un vaisseau de 500 tonneaux chargé d'esclaves. On avait fraudé sur le nombre des navires, fraudé sur leur chargement. Ce fut seulement en 1778 qu'on renversa ces monopoles entassés l'un sur l'autre par une réforme qui s'étendait à toute l'Amérique espagnole, et dont l'honneur revient au roi Charles III. Cette réforme, qu'on a décorée du nom pompeux de la liberté du commerce, ne consistait cependant qu'à permettre à plusieurs ports d'Espagne, au nombre de quatorze, de trafiquer directement avec les colonies du Nouveau-Monde par certains ports expressément désignés de celles-ci et en fort petit nombre. L'étranger demeurait exclu, et cependant les effets du nouveau régime commercial furent considérables, tous les documens en font foi. Quant au commerce avec l'Asie par Acapulco et les Philippines, il s'est borné jusqu'à la fin à un seul navire par an, le galion, bâtiment de 1,500 tonneaux, commandé par un officier de la marine royale.

Le despotisme espagnol se manifestait par une multitude de règlemens venus tout faits de Madrid, sans que les vice-rois les pussent changer, car on avait peu à peu restreint l'amplitude des pouvoirs de ces hauts dignitaires. De la part du conseil des Indes, auquel aboutissaient à Madrid toutes les affaires des colonies, ces règlemens étaient à bonne intention, mais faits sans une connaissance suffisante des lois et du peuple auxquels ils devaient s'appliquer, et combinés dans cet esprit minutieux qui a l'impossible prétention de tout prévoir, et qui est la négation du libre arbitre. Par cela même contraires à la nature humaine, ils tournaient à la ruine des populations dont on avait cru faire le bien. Des volumes ne suffiraient pas à exposer les actes de mauvaise administration, les restrictions funestes à l'esprit d'entreprise, les contrôles entre-croisés, les décisions arbitraires, les lenteurs indéfinies, par lesquels se révélait le régime administratif pratiqué par l'Espagne dans le Nouveau-Monde. Il y faudrait joindre les exactions d'une partie des fonctionnaires. Les vice-rois s'enrichissaient par la distribution arbitraire du mercure entre les exploitans des mines d'argent; d'autres se faisaient des fortunes par la contrebande, un grand nombre en pressurant les Indiens. Même lorsqu'on ne procédait qu'avec de bons et honnêtes sentimens, on trouvait le moyen d'arriver à des mesures tyranniques par lesquelles on sacrifiait quelques élémens de la prospérité des colonies; j'en citerai des exemples empruntés principalement à M. Lucas Alaman, qui les avoue sans dissimuler son indulgence pour le défunt gouvernement de la métropole, et même avec la pensée de les faire tourner à sa réhabilitation.

Dans le XVIIe siècle, alors que le Mexique était loin de la richesse à laquelle il parvint depuis, et que le Pérou lui-même était en arrière de ce qu'il est devenu plus tard, il y avait un assez grand commerce entre les deux royaumes de la Nouvelle-Espagne et du Pérou. La province de la Puebla fabriquait pour le Pérou une grande quantité de tissus, de coton particulièrement (1). De la ville de la Puebla à celle de Cholula s'élevait une suite de manufactures de ce genre. On représenta à la cour de Madrid qu'à la faveur de ce commerce entre les deux colonies, les Hollandais et les Anglais faisaient une contrebande qui consistait à introduire au Pérou des étoffes chinoises qu'on déclarait d'origine mexicaine. Un autre gouvernement eût cherché et eût trouvé, ce qui ne paraît pas bien difficile, le moyen direct d'empêcher le commerce interlope des Anglais et des Hollandais, puisqu'on le réprouvait. Le conseil des Indes agit différemment. Pour couper court à la contrebande, il limita les expéditions du Mexique au Pérou à deux navires, qui ne pouvaient charger des étoffes pour plus de 200,000 ducats (600,000 francs). Plus tard, on réduisit le chargement à des tissus de qualités déterminées,

(1) Le coton est indigène au Mexique.

et à la fin, pour simplifier, on prohiba absolument le trafic entre les deux colonies. Le Pérou de son côté envoyait des vins dans d'autres colonies espagnoles, dans la capitainerie générale de Guatemala notamment; sans doute on avait fait au Pérou la faveur d'y autoriser la culture de la vigne et la vendange, qu'on interdisait ailleurs. Ces vins étaient recherchés par la population indienne. On avisa que c'était une boisson trop ardente et que les Indiens en faisaient de trop fortes libations, au point de s'enivrer. Par intérêt pour les Indiens, les vins du Pérou furent prohibés dans la capitainerie générale de Guatemala.

Des fabriques de tissus s'étaient élevées, nous l'avons dit, dans quelques-unes des colonies, au Mexique plus particulièrement, parce que les bras s'y offraient en plus grande abondance; mais la pensée de protéger les Indiens vint se mettre en travers. On représenta les abus que les chefs d'industrie se permettaient ou pourraient se permettre vis-à-vis de la population indigène qui travaillait ou travaillerait dans ces manufactures. En conséquence, par des lois successives, le conseil des Indes en gêna l'établissement. On donna à l'autorité locale le pouvoir de les fermer quand elle croirait en avoir des motifs suffisans, tirés de l'intérêt des Indiens. En pareil cas, les vice-rois et les *audiencias* étaient autorisés à faire démolir la fabrique et à soumettre personnellement les fabricans à des peines. On conçoit que, dans des conditions pareilles, les hommes industrieux durent être peu portés à ériger des fabriques.

Sans être trop enclin à mal penser de son prochain, on peut croire que le conseil des Indes, quand il traçait de telles lois, n'était pas indifférent à la pensée d'assurer un débouché aux vins ou aux tissus de la Péninsule, et que pour plusieurs de ses membres l'intérêt des Indiens n'était qu'un prétexte. Il y a cependant tel fait qui semblerait autoriser la dénégation qu'oppose à cette appréciation M. Lucas Alaman. Suivant lui, le principal, l'unique mobile de ces mesures restrictives, ou, pour parler plus franchement, despotiques, c'était la bienveillance qu'on éprouvait pour les Indiens, ainsi que le portaient les documens officiels. A preuve, il fait remarquer la prohibition d'une autre culture qu'il cite, et qui fut prohibée dans le Guatemala, en alléguant la santé des Indiens, qui en faisaient une liqueur enivrante. Cette prohibition, dit-il, ne pouvait avoir rien de commun avec le système protectioniste, puisque la culture dont il s'agissait n'était pas pratiquée en Espagne; mais si ces gênes et ces interdictions ont été, comme on l'assure, inspirées par une pensée d'humanité, il n'en est pas moins vrai qu'elles relèvent de cette politique qui prohibe l'usage afin de prévenir l'abus, politique qui est la négation de la liberté, et qui s'attelle par derrière au char de la raison et du progrès. On n'aperçoit donc guère ce que la renommée de l'ancien gouvernement espagnol peut gagner à cette interprétation de ses apologistes. Ce qui en ressort au contraire, c'est sa condamnation, c'est l'explication des révolutions au milieu desquelles il s'est écroulé, non-seulement en Amérique, mais tout aussi bien dans la Péninsule (1).

Le beau idéal du genre est le dessein qu'avaient chaudement épousé un bon nombre de personnes, mais devant l'accomplissement duquel on recula, d'interdire la culture de la banane dans l'Amérique espagnole, afin, disait-on, de rendre plus laborieux les Indiens des régions chaudes. Les partisans de cette idée, que rapporte M. de Humboldt, raisonnaient à peu près de la sorte : la banane est une culture qui nourrit l'homme avec la plus grande facilité, donc elle encourage chez les Indiens les habitudes de la paresse, donc elle est un fléau, donc il faut l'extirper. Ce projet, qui tendait ouvertement à rendre difficiles avec préméditation les conditions de l'alimentation publique, avait, fort heureusement pour les populations, le tort d'être impraticable. Rien que pour le Mexique, vingt ou trente mille employés n'auraient pas été de trop pour surveiller les cultures et en faire disparaître la plante ennemie, dans les vallées escarpées qui, sur toute la longueur du pays, découpent le double plan incliné, disposé, comme nous le dirons plus tard, entre l'immense plateau qui constitue l'intérieur et le littoral des deux océans qui baignent le pays. C'eût été une armée dont la solde aurait ruiné les finances. Le système archi-réglementaire fut écarté en cette affaire, mais il prenait sa revanche ailleurs.

Encore un exemple propre à montrer dans quelles contradictions et quelles impossibilités on tombe quand on veut accumuler règlement sur règlement; c'est le mémoire de l'évêque de Michoacan qui nous le fournit. Dans l'intérêt supposé des Indiens, on les retenait dans des villages fermés aux Européens. Resserrés dans un espace étroit (environ un demi-kilomètre de rayon), les indigènes, dit ce vénérable prélat, n'ont pour ainsi dire pas de propriété individuelle; ils sont tenus de cultiver les biens de la communauté. Le produit de ces biens communaux avait été mis en ferme par les intendans, qui croyaient en cela bien faire. Le revenu ainsi obtenu était versé dans

(1) C'est peut-être ici le lieu de faire remarquer que le régime des colonies françaises est encore, au moment où nous parlons, entaché du même vice que nous venons de reprocher au gouvernement espagnol. Le commerce d'une colonie avec l'autre est encore interdit ou entouré de tant de formalités et de restrictions que c'est l'équivalent de la prohibition. A la suite du traité de commerce avec l'Angleterre, le système libéral d'économie publique qui enfin prévalait en France a été appliqué aux colonies, en ce sens qu'on les a ouvertes au commerce étranger; c'est ce qui a été consacré par la loi du 3 juillet 1861; mais rien n'a été changé dans la législation qui régit le commerce intercolonial. Il est vraisemblable qu'à cet égard des dispositions libérales se feront peu attendre.

les caisses royales, au compte, disait-on, de chaque village; mais quand il fallait disposer de ces fonds, on trouvait, comme une barrière infranchissable, des règlemens, des formalités sans fin et de la mauvaise volonté. Il y avait d'abord un règlement qui interdisait aux intendans de disposer de leur propre autorité, en faveur des villages, de ces fonds une fois versés dans les caisses royales; il fallait une permission particulière du conseil supérieur des finances du Mexique. Ce conseil demandait des mémoires à divers fonctionnaires; des années se passaient à entasser des pièces et à former des dossiers, et les Indiens lassés renonçaient à suivre leur réclamation. On s'était tellement habitué à regarder cet argent des villages indiens comme une somme sans destination, qu'à l'époque du voyage de M. de Humboldt, l'intendant de Valladolid en envoya à Madrid près d'un million de francs, qu'on avait accumulés depuis deux ans. On dit au roi que c'était un don gratuit et patriotique que les Indiens du Michoacan étaient trop heureux d'offrir à sa majesté pour l'aider à continuer la guerre contre l'Angleterre.

III.

Les créoles, ou population blanche native du Mexique, avaient longtemps semblé se résigner à cette absence de toute action sur le gouvernement et l'administration de leur patrie. C'était un de ces biens qu'on ne revendique pas parce qu'on les ignore. On les tenait étrangers au reste du monde, on ne laissait paraître sous leurs yeux que des livres approuvés de l'inquisition. La vie d'ailleurs n'était pas pour eux sans mélange de quelques joies; ils s'enrichissaient par l'exploitation des mines ou par celle du sol, qui n'était pas moins profitable; ils se livraient à des plaisirs faciles. On n'avait pas négligé de satisfaire chez eux par des hochets une des passions qui occupent le plus de place dans le cœur de l'homme, la vanité. Des titres de noblesse étaient accordés à quelques-uns qui avaient fait une grande fortune. On répandait en beaucoup plus grande quantité une autre distinction qui était lucrative pour le trésor ou pour la caisse particulière du vice-roi, des brevets d'officiers de milice que les enrichis s'estimaient heureux de payer cher. L'étranger, qui par aventure avait été admis à parcourir l'Amérique espagnole, était surpris de voir dans de petites villes tous les négocians transformés en colonels, en capitaines ou en sergens-majors, et de trouver quelquefois ces officiers de milice en grand uniforme, avec l'ordre de Charles III, assis gravement dans leurs boutiques, pesant dans cette tenue le sucre, le café ou la vanille : « mélange singulier, dit M. de Humboldt, d'ostentation et de simplicité de mœurs. » Dans leur naïve ignorance, la plupart des créoles croyaient que le monde entier tournait dans le même cercle auquel se bornait leur horizon.

Cependant l'indépendance des colonies continentales de l'Angleterre avait tiré de leur somnolence les intelligences bien douées. Ce grand événement, qui s'était passé à leur porte, et dont le retentissement avait frappé les oreilles distraites des créoles mexicains, les avait remplis d'étonnement, et avait ouvert à leur imagination des perspectives qu'elle ne connaissait pas encore. Plus tard, la prospérité croissante des États-Unis, le rôle qu'ils commençaient à jouer dans le monde, leur donnèrent davantage à réfléchir. Ils avaient recherché des livres européens, et comme l'argent ne leur manquait point, ils s'en étaient procuré malgré la surveillance des inquisiteurs, et les avaient dévorés furtivement, s'assimilant le mal comme le bien. La révolution qui avait transformé les colonies continentales de l'Angleterre en Amérique, et en avait fait la république des États-Unis, n'était pas la seule qui eût contribué au réveil des Mexicains, et qui les eût fait incliner vers les innovations politiques. La révolution française de 1789, qui avait éclaté comme le tonnerre, avait répandu au Mexique, comme en tous lieux, une vive émotion parmi les classes qui avaient reçu quelque culture. C'est ainsi que les créoles mexicains avaient acquis peu à peu une notion plus juste de leurs droits. Une agitation mystérieuse se propageait. Or quel accueil les autorités espagnoles du Nouveau-Monde faisaient-elles à cette disposition nouvelle des esprits? Elles y répondaient par ces mesures coercitives que les gouvernemens frappés de vertige considèrent comme une panacée. « On crut voir, dit M. de Humboldt, le germe de la révolte dans toutes les associations qui avaient pour but de répandre les lumières; on prohiba l'établissement des imprimeries dans des villes de quarante à cinquante mille habitans; on considéra comme suspects d'idées révolutionnaires de paisibles citoyens qui, retirés à la campagne, lisaient en secret les ouvrages de Montesquieu, de Robertson ou de Rousseau. Lorsque la guerre éclata entre l'Espagne et la France, on traîna dans les cachots de malheureux Français qui étaient établis au Mexique depuis vingt ou trente ans. Un d'eux, craignant de voir renouveler le spectacle barbare d'un auto-da-fé, se tua dans les prisons de l'inquisition. Son corps fut brûlé sur la place de Quemadero. A la même époque, le gouvernement local crut découvrir une conspiration à Santa-Fé, capitale du royaume de la Nouvelle-Grenade; on y mit aux fers des individus qui, par la voie du commerce avec l'île de Saint-Domingue, s'étaient procuré des journaux français; on condamna à la torture des jeunes gens de seize ans, pour leur arracher des secrets dont ils n'avaient aucune connaissance. »

Il y avait donc dans la partie la plus éclairée de la société mexicaine une aspiration mal définie vers un ordre de choses libéral, lorsqu'on y sut les événemens dont la substance était que l'autorité royale, d'où émanait tout pouvoir dans la colonie, et à laquelle tout revenait, avait subitement disparu, presque comme la personne de Romulus dans un ouragan. Les natifs d'Espagne, qui donnaient le ton partout, qui faisaient la loi et la mode, furent dans leur rôle en manifestant avec chaleur un profond dévouement à la personne de Ferdinand VII et un sincère attachement à la métropole. Les Mexicains suivirent cet exemple par imitation et par politique; mais presque aussitôt ils donnèrent au mouvement la direction qui répondait à leurs besoins propres. Ce fut l'*ayuntamiento* de Mexico qui prit l'initiative.

C'était l'effet naturel et direct de cette activité des esprits qui se manifeste particulièrement dans les capitales où se réunit d'elle-même l'élite du pays. Mexico était de toute la Nouvelle-Espagne le point où les opinions nouvelles dont l'Europe était travaillée depuis 1789 avaient le plus de prosélytes, quoique personne encore n'y osât les avouer. L'opulence d'un certain nombre de familles qui exploitaient les mines d'argent de la Cordillère ou les vastes *haciendas* dans lesquelles on faisait du sucre ou de la cochenille, la richesse à laquelle s'étaient élevées d'autres plus nombreuses encore, avaient favorisé ces idées, ne fût-ce qu'en procurant aux personnes intelligentes le loisir et les moyens de s'instruire, ou en leur inspirant le désir de se signaler par des encouragemens donnés aux sciences et aux arts. Il y a une force irrésistible qui oblige tout ce qui sort du niveau commun, même par la richesse, à rendre ainsi hommage à la civilisation. Quand les événemens de la Péninsule eurent été bien connus, en juillet 1808, l'*ayuntamiento* de Mexico résolut de faire une démarche solennelle auprès du vice-roi. Il vint en corps, dans ses carrosses et en costume de gala, lui remettre une délibération où il protestait de son attachement sans bornes à la maison de Bourbon, se déclarant prêt à faire les plus grands sacrifices pour la défendre. En même temps, se constituant l'organe de la Nouvelle-Espagne, il demandait la convocation d'une assemblée nationale formée des délégués des différentes provinces. Cette démonstration de la municipalité de Mexico fit une immense sensation dans tout le pays. Le vice-roi, don José Iturrigaray, ne repoussa pas la proposition; il y fit même bon accueil, et la renvoya à l'*audiencia* de Mexico pour en avoir l'opinion. L'*audiencia*, ou cour supérieure de justice, était investie d'une grande autorité, et dans certaines circonstances d'un droit de contrôle sur le vice-roi. Ce haut dignitaire était tenu d'en prendre l'avis dans un grand nombre de cas. Elle formait le fonds de ce qu'on nommait le *real acuerdo*, conseil qu'il devait consulter dans les affaires importantes. Malheureusement on ne s'était pas contenté de la composer exclusivement de natifs d'Espagne. On avait pris des précautions pour qu'elle personnifiât l'esprit de domination de la mère-patrie dans sa plus grande rigueur. C'est ainsi qu'il était défendu à ses membres de se marier au Mexique, afin qu'ils ne pussent avoir des intérêts différens de ceux de la Péninsule.

L'idée d'une junte nationale, élue par les habitans ou par les conseils municipaux dans lesquels les créoles formaient la majorité, froissait les préjugés et l'orgueil des résidens espagnols qui se considéraient comme les maîtres du pays, sans partage même avec les descendans de la race espagnole qui avaient vu le jour au Mexique. Sur la nouvelle que, dans les circonstances extraordinaires où l'on était placé, le vice-roi Iturrigaray agréait la combinaison qui donnerait aux créoles des droits politiques égaux à ceux dont ils jouiraient eux-mêmes, les Espagnols furent saisis d'indignation comme si c'eût été le renversement des lois divines et humaines. Ils se voyaient noyés dans une masse quinze ou vingt fois égale à la leur, car ils étaient cinquante mille peut-être, soixante-dix mille au plus, et les créoles faisaient bien un million. La conséquence du système électif et représentatif, si l'on avait le malheur de l'introduire, ne seraitelle pas que prochainement des droits politiques fussent conférés aux *castes* jusqu'alors déclarées ignobles, et même aux Indiens, auxquels le langage ordinaire refusait même l'attribut de la raison (1)? L'*audiencia* entra dans cette pensée de réprobation plus énergiquement que personne, elle combattit rudement la proposition de l'*ayuntamiento* de Mexico : celui-ci tint bon, et le vice-roi se montra décidé à lui donner raison. Dès lors le parti espagnol conçut un dessein qui ne pouvait qu'affaiblir le respect dont jusqu'alors avaient constamment été entourés les pouvoirs émanés de la Péninsule. Sous la direction apparente d'un Espagnol, riche propriétaire de sucreries dans les environs de Cuernavaca, don Gabriel Yermo, mais plus probablement sous l'inspiration de l'*audiencia*, parmi les membres de laquelle deux magistrats éminens d'ailleurs, les *oïdores* Aguirre et Bataller, se faisaient remarquer par leur véhémence, les notables espagnols ourdirent contre le vice-roi une conspiration qui réussit, parce que Iturrigaray manqua, dans cette circonstance au moins, de résolution et de clairvoyance. Le nombre des conjurés était si grand qu'il eût dû dix fois découvrir le complot, s'il eût pris la peine de surveiller les mécontens, et il avait bien plus de troupes qu'il n'en fallait pour les intimider, surtout en s'aidant de l'*ayuntamiento* et des créoles. Une nuit, après avoir séduit la garde du pa-

(1) Le terme de *gente de razon* (personnes douées de raison) était usuellement employé au Mexique pour désigner les blancs, tout au plus les métis. Il était exclusif des Indiens et employé par opposition à leur nom, comme un synonyme de la qualification de blanc pur ou mélangé.

lais, les conjurés vinrent au nombre de trois cents l'arrêter dans son lit. Ils l'enfermèrent avec ses deux fils aînés dans les prisons de l'inquisition, en faisant circuler un prétexte d'hérésie dont personne ne fut la dupe. Sa femme et ses autres enfans furent confinés dans un couvent. A sa place, l'*audiencia* appela à la vice-royauté un militaire obscur qui, par rang de grade et d'ancienneté, était le premier des officiers espagnols; mais on dut le remplacer après quelques mois par l'archevêque de Mexico, qui lui-même dut plus tard céder la place à l'*audiencia*, et celle-ci gouverna jusqu'à ce que la régence espagnole eût envoyé un vice-roi.

Aussitôt qu'on eut déposé le vice-roi Iturrigaray, on mit sous les verrous plusieurs Mexicains des plus influens qui appartenaient à l'*ayuntamiento* de Mexico ou qui s'étaient prononcés dans le même sens. Quelques-uns furent bannis aux îles Philippines, d'autres emprisonnés dans le château de Saint-Jean-d'Ulloa, citadelle de la Vera-Cruz réputée imprenable. Il y en eut même d'envoyés en Espagne pour y subir leur jugement. L'*audiencia* ordonna aux Espagnols de former des juntes de salut public, et de s'organiser en troupes armées, qui prirent le nom, bizarrement choisi, de patriotes. On se flattait ainsi de comprimer l'élan qui avait porté les Mexicains à se croire quelque chose. On obtint le seul résultat possible de tant de violence et de présomption, on démontra aux Mexicains qu'entre eux et les Espagnols il y avait un abîme. Le langage que tenaient les meneurs de l'*audiencia* et des péninsulaires n'était pas de nature à calmer le mécontentement des Mexicains; l'*oïdor* Bataller avait coutume de dire que tant qu'il resterait dans la Péninsule un savetier de la Castille ou un mulet de la Manche, ce serait à eux qu'appartiendrait le gouvernement de l'Amérique. L'*ayuntamiento* de Mexico ayant voulu élever des réclamations en faveur du ci-devant vice-roi, il lui fut répondu sèchement par l'*audiencia* que son pouvoir se bornait à tenir en respect les *leperos* (*lazzaroni* de la capitale).

IV.

De ce moment une rupture était inévitable entre les Mexicains, qui étaient manifestement opprimés, et les natifs d'Espagne, qui s'érigeaient si audacieusement en dominateurs absolus. L'indépendance du Mexique devenait nécessairement l'objet même du conflit. Les deux partis se dessinèrent d'une manière tranchée : celui des Espagnols, désignés sous le nom de *Gachupines*, et celui des Mexicains indépendans, appelés le plus souvent Américains et quelquefois *Guadalupes*. Ce nom est tiré d'un magnifique couvent des environs de Mexico qui est dédié à la Vierge. Notre-Dame de Guadalupe était réputée la protectrice spéciale du Mexique (1). De plusieurs côtés, dans les provinces, on se prépara à la lutte à main armée contre les Espagnols, et elle éclata enfin dans l'intendance de Guanaxuato. Là se trouvait, dans la petite ville de Dolorès, à peu près uniquement peuplée d'Indiens, comme la plupart des villes subalternes, un curé d'un certain savoir et d'un tempérament énergique et actif, qui aimait son pays. Il était édifié sur les mérites du gouvernement espagnol par la lecture qu'il avait pu faire de quelques livres de l'Europe. Il avait manifesté ses sentimens, et des poursuites avaient été commencées contre lui par-devant l'inquisition. L'activité de son esprit s'était alors tournée d'un autre côté : il avait voulu améliorer par la pratique intelligente des arts utiles l'existence de ses paroissiens. Ce prêtre, destiné à acquérir dans le Nouveau-Monde une grande célébrité, sur laquelle il y a malheureusement de larges taches de sang, s'appelait don Miguel Hidalgo y Costilla. Il avait introduit dans sa paroisse l'éducation du ver à soie et la culture de la vigne; mais comme, en vertu du régime protectioniste, que l'Espagne pratiquait plus encore que les autres nations de l'Europe vis-à-vis de ses colonies, il fallait que tout le vin bu au Mexique vînt de la mère-patrie, l'ordre était arrivé de Mexico d'arracher les vignes dont le pampre ornait les coteaux des environs de la ville de Dolorès, et il avait été mis à exécution. Cet acte de tyrannie avait redoublé dans l'âme d'Hidalgo le ressentiment qu'il nourrissait déjà contre la domination de l'Espagne.

Après les événemens de 1808 à Mexico, il fit ses préparatifs d'insurrection contre la Péninsule avec une ardeur surprenante chez un homme de cet âge. L'historien de l'indépendance, M. Lucas Alaman, qui l'avait beaucoup vu chez son père à Guanaxuato, dit qu'il était de 1747. Il avait donc plus de soixante ans en 1808. Hidalgo entra dans une conspiration qui se forma à Queretaro, ville située à une assez grande distance au nord de Mexico. Le corrégidor même de la ville, don Miguel Dominguez, et avec lui sa femme, qui montra un grand caractère, étaient au nombre des conjurés. Par ce moyen, Hidalgo se trouva en relation intime avec plusieurs jeunes officiers créoles des régimens de milice qui tenaient garnison à Guanaxuato, et entre autres avec les trois capitaines Allende, Abasolo et Aldama, destinés à figurer avec éclat autour de lui, Allende principalement. La conspiration fut dénoncée aux autorités de Mexico, et plusieurs des conjurés furent arrêtés, entre autres Dominguez. Cet incident, qui aurait découragé une âme d'une faible trempe, n'eut d'autre effet sur Hidalgo que de lui faire hâter l'exécution de ses projets. Le 16 septembre 1810, tout juste deux ans après l'ar-

(1) Il se forma à Mexico même une société secrète sous le nom de Guadalupes.

restation d'Iturrigaray, il leva l'étendard de l'indépendance. Les populations étaient si bien préparées par l'attitude arrogante des Espagnols à répondre à ce signal, que dès le lendemain il put prendre possession de deux villes, chacune de seize mille âmes. Un de ses premiers actes fut d'y confisquer les biens des Espagnols et de les distribuer à sa troupe. Quelques jours après, il entrait avec une armée nombreuse, mais sans discipline et presque sans armes, dans la belle cité de Guanaxuato, qui ne comptait pas moins de soixante-quinze mille habitans, et qui était citée pour sa richesse. Elle était le centre d'un district renommé pour ses mines d'argent. C'est près de Guanaxuato que se trouve le fameux filon exploité avec un si grand succès alors à Valenciana et ailleurs, dont M. de Humboldt a dit qu'à lui seul il donnait le quart de l'argent que produisait le Mexique et le sixième de celui que fournissait l'Amérique. Il y avait toujours dans Guanaxuato une grande quantité de lingots du précieux métal.

La victoire de Hidalgo fut souillée par un acte d'affreuse barbarie. L'intendant de la province, Riagno, homme éclairé et bienveillant, s'était enfermé avec les Espagnols et avec les créoles les plus riches dans l'Alhondiga, vaste bâtiment qui servait de magasin public pour les grains. Il y avait reçu, sans se soumettre, la sommation de Hidalgo, que lui avait apportée Abasolo en costume de colonel, et s'était mis à se défendre aussi vaillamment que le permettaient les moyens dont il disposait, pris comme il l'était à l'improviste. Les feux de mousqueterie et d'une espèce d'artillerie qu'il avait imaginée (1) avaient fait des ravages parmi les assaillans, dont la plupart combattaient avec des frondes, ce qui les obligeait de se tenir tout près de l'édifice assiégé; mais Riagno fut tué dans une sortie dès le début du siége. Sa mort mit le désordre dans la défense. Bientôt une des portes de l'édifice, contre laquelle les assiégeans avaient amoncelé des fagots fut réduite en cendres, et la foule des Indiens put se précipiter dans l'Alhondiga. Exaspérés par les décharges qui les avaient accueillis quand ils se ruaient dans l'édifice, ils égorgèrent tout ce qui s'y trouva et recherchèrent dans la ville, avec la fureur de la bête fauve, ce qui pouvait y rester d'Espagnols pour assouvir leur vengeance dans le sang. Il ne paraît pas que Hidalgo ait rien fait pour arrêter ce massacre commis sur de malheureux vaincus, auxquels individuellement il n'y avait rien à reprocher. Chez la multitude des Indiens qui marchaient avec Hidalgo, le ressentiment des souffrances que cette race avait éprou-

(1) Les projectiles étaient des pots en fer fondu dans lesquels on transportait le mercure dont on employait une grande quantité autour de Guanaxuato pour l'extraction de l'argent. Les assiégés de l'Alhondiga remplissaient ces pots de poudre et de balles : c'étaient de grossiers obus.

vées pendant une longue suite de générations semblait s'être subitement réveillé. La nation des Aztèques s'était fait remarquer jadis par ses goûts sanguinaires; nulle part l'histoire ne mentionne autant de sacrifices humains exécutés solennellement sur les autels. Leur ancien naturel, peut-être dissimulé plutôt que déraciné par les pratiques du culte chrétien, sembla reparaître à Guanaxuato, excité par les passions que la guerre allume. Hidalgo, s'il eût essayé de retenir cette multitude ivre de colère et altérée de sang, aurait probablement échoué; mais on ne voit pas qu'il l'ait tenté. Plus tard, à Valladolid et à Guadalaxara, il ordonna de sang-froid sur la population espagnole des massacres qui furent exécutés sous le voile de la nuit, loin de la ville, dans des gorges isolées, sans que le déchaînement des Indiens pût être allégué, je ne dirai pas comme une excuse, en pareille matière il n'y en a pas, mais comme une aveugle fatalité contre laquelle la lutte était matériellement impossible. On est autorisé à supposer que, par un de ces épouvantables calculs politiques qu'on retrouve dans le paroxysme d'autres révolutions, et, avouons-le, de la révolution française elle-même, Hidalgo jugeait ces assassinats en masse comme un moyen de réussir. Il se flattait de glacer ainsi les Espagnols d'effroi et de les faire fuir du pays, ou encore il regardait leur extermination systématique comme une des conditions de l'affranchissement du peuple mexicain; mais, envisagé même comme un calcul, le système de sang pratiqué par Hidalgo se trouva faux et tourna contre lui-même. Un sentiment d'horreur et d'indignation se répandit parmi les créoles, dont beaucoup avaient été égorgés en même temps que les Espagnols dans le sac de Guanaxuato. Ce fut le point de départ d'une division parmi les forces qui aspiraient à l'établissement de l'indépendance. Une partie des créoles, les plus riches et les plus influens, firent dès lors cause commune avec les Espagnols, et contribuèrent de leur épée aux désastres qu'après quelque temps éprouva la cause de l'indépendance.

A plus forte raison, après que le bâtiment de l'Alhondiga eut été emporté, tout ce qu'on put atteindre des richesses de la population espagnole de Guanaxuato fut confisqué au profit de l'insurrection; mais ce ne fut pas une ressource pour la caisse de l'armée de Hidalgo. Presque tout ce butin fut la proie du pillage. Dans l'intérieur de l'Alhondiga seulement, il y avait en métaux précieux et en bijoux une valeur de 16 millions de francs.

L'enlèvement d'une cité aussi importante démontra à tous les yeux que l'insurrection était puissante et formidable. Après s'être emparé de Valladolid, autre grande ville dont la conquête suivit immédiatement celle de Guanaxuato, Hidalgo marcha fièrement sur la capitale, où il n'ignorait pas que l'indépendance avait beaucoup de partisans.

Le 28 octobre 1810 il était à Toluca, à douze lieues de Mexico. Il remporta sur les troupes qui combattaient pour la métropole une victoire très chèrement achetée, à Las Cruces, et s'avança jusqu'en vue de la capitale; mais il ne jugea pas qu'avec ses troupes indisciplinées il fût possible de s'en emparer. Ce n'était plus comme Guanaxuato ou Valladolid, qu'il avait surprises sans qu'elles eussent des forces militaires pour se défendre. Il reconnut qu'il n'y avait pas lieu d'espérer qu'une révolution accomplie par les habitans le rendît maître de Mexico, à cause des troupes accumulées dans la capitale, qui restaient fermes et qui contenaient la population. Il se résigna donc à se retirer vers l'intérieur. Dans ce mouvement de retraite, il fut battu à Aculco, où les régimens créoles de l'armée espagnole montrèrent de la résolution en faveur de leur drapeau. Des plaines d'Aculco, Hidalgo, vaincu, mais non abattu, se retira vers le nord, fit une entrée triomphale à Guadalaxara, où il devait souiller son nom par de nouveaux massacres. Il se fortifia ensuite au pont de Calderon avec les canons que ses lieutenans avaient pris dans les ports du littoral du Pacifique, particulièrement dans l'arsenal de San-Blas, et il y attendit l'armée qui tenait la campagne pour la métropole. La victoire se déclara pour les Espagnols, que commandait Calleja, le même qui avait gagné la bataille d'Aculco. Cette fois la défaite fut une déroute. Les chefs des insurgés avec les débris de leur armée se dirigèrent à marches forcées vers la frontière des États-Unis pour y acheter des armes et se réorganiser; mais dans la marche, le 21 mars 1811, un officier de l'indépendance, Elisondo, les trahit et les livra pour gagner son pardon. Hidalgo et ses compagnons furent fusillés quelque temps après, et on publia d'eux des confessions où ils s'accusaient de leur entreprise, en demandant pardon à Dieu et aux hommes. C'étaient des pièces fabriquées, car les autorités espagnoles, non contentes d'ôter la vie à leurs adversaires, voulaient leur ravir même l'honneur. Le fait est que Hidalgo mourut avec le plus grand calme. La veille de sa mort, au milieu des préparatifs qu'on faisait pour l'exécution, il composa deux pièces de vers pour remercier ses geôliers des attentions qu'ils lui avaient montrées. M. Alaman les rapporte.

Malgré de si grands revers, la cause de l'indépendance n'était pas perdue. Les indépendans battus se partagèrent en bandes composées des hommes les plus déterminés, sous des chefs pleins de courage et de dévouement. Il restait entre autres le curé Morelos, ancien ami de Hidalgo, qui était accouru près de lui après la prise de Guanaxuato et s'était chargé d'opérer dans la province dont la ville principale était le port militaire d'Acapulco, sur l'Océan-Pacifique.

Il ne peut entrer dans le plan de cette étude de raconter les péripéties de la guerre de l'indépendance au Mexique. Il suffira de dire que peu après la défaite et la prise de Hidalgo, l'insurrection se ranima sous l'impulsion énergique de Morelos, et qu'elle s'étendit, avec la rapidité d'un incendie qu'excite un vent violent, à un grand nombre de provinces où des chefs intrépides surgirent presque de toutes parts, mais tous reconnaissant l'autorité du curé généralissime. Aux environs de la Vera-Cruz, dans l'enceinte de laquelle ils ne pénétrèrent pas (le canon de Saint-Jean-d'Ulloa le leur interdisait), à Acapulco, à Guadalaxara, et plus au midi, dans le riche pays qui entoure Oaxaca, les insurgés montrèrent une activité intelligente et hardie qui semblait un gage de leur triomphe. Il y eut un moment où ils furent les maîtres de plus de la moitié du Mexique, du moins des provinces peuplées. Les Espagnols étaient consternés, et Calleja appelait Morelos un second Mahomet, pour donner la mesure de son influence, de l'ardeur avec laquelle les Mexicains se rangeaient sous son drapeau, et de la rapidité de ses conquêtes. Ainsi se passèrent l'année 1812 et la presque totalité de 1813. Malheureusement pour les insurgés, ils ne savaient pas faire la guerre; non que leurs armées manquassent de bravoure, mais elles étaient mal équipées, peu exercées, ou, pour mieux dire, complétement étrangères à la tactique moderne, qui donne aux troupes qui la possèdent une si grande supériorité sur celles qui l'ignorent. Sur les champs de bataille, la qualité, fort médiocre cependant alors, des troupes espagnoles était excellente relativement, et le vainqueur de Hidalgo, le redoutable Calleja, sut entretenir et exciter leur moral et les bien diriger. Les insurgés eurent souvent des rencontres heureuses, mais à la fin ils subirent des défaites accablantes. Ils furent forcés dans Cuautla Amilpas, où Morelos s'était établi et entouré de redoutes; mais du moins ils y avaient soutenu un long siége, signalé par une héroïque résistance, et ils évacuèrent la place en bon ordre, sans être entamés. Ensuite, ils furent battus complétement devant Valladolid, dans la position de Santa-Maria, où ils ne firent qu'une médiocre contenance (25 décembre 1813), et les débris de leur armée furent quelques jours après écrasés dans le combat de Puruaran (5 janvier 1814). Leurs mouvemens avaient été trop dispersés entre les provinces diverses; après Puruaran, leurs corps éparpillés furent presque tous détruits en détail. A la fin de 1815 (le 5 novembre), Morelos, vaincu une dernière fois, tomba au pouvoir des Espagnols, alors qu'il cherchait à rejoindre, par une marche à travers les montagnes, le colonel Teran, qui avait formé un rassemblement à Tehuacan, dans l'état de la Puebla. Ce funeste engagement, qui le livrait à l'ennemi, eut lieu à Temescala. C'est à peine si à ce moment il lui restait cinq cents hommes.

La partie de la lutte dont Morelos fut l'âme fut marquée par des incidens très variés, par des batailles sanglantes, par des traits d'audace et des actes d'héroïsme. Elle n'en resta pas moins complétement inaperçue de l'Europe, qui plus tard contempla avec une vive sollicitude les combats du même genre que le libérateur Bolivar soutenait contre les généraux espagnols dans l'Amérique méridionale. Et comment les grandes nations de l'ancien continent auraient-elles pu la remarquer? A cette époque de 1812 à 1815, leur attention était absorbée par le drame imposant et terrible où se jouaient leurs propres destinées. Comment le bruit des batailles du Palmar, de Valladolid et de Puruaran eût-il pu être entendu en Europe quand notre continent retentissait des chocs épouvantables de Smolensk, de la Moskowa, de Lutzen, de Bautzen, de Dresde, de Leipzig, de Vittoria, de Paris, et palpitait d'émotion ou d'angoisse en présence d'événemens tels que la prodigieuse campagne de France en 1814, le retour de l'île d'Elbe et le cataclysme de Waterloo! Les déchiremens du Mexique et les accidens de la guerre qui le désolaient étaient assurément dignes d'intérêt; mais qu'était-ce auprès du tragique spectacle de la France épuisée qu'une coalition foulait aux pieds et parlait de démembrer?

Dans cette guerre civile du Mexique, de nobles et même de grandes figures se produisirent. Sous les drapeaux espagnols, le principal personnage est le général, ensuite vice-roi Calleja; après lui, le plus remarquable personnage fut Iturbide, officier créole d'une extrême bravoure, d'une intelligence peu ordinaire, d'une activité infatigable, qui, de concert avec un Espagnol, le général Llano, remporta sur Morelos les victoires décisives de Valladolid et de Puruaran. Parmi les insurgés, on aurait une multitude de noms à citer, indépendamment de Hidalgo et de son principal lieutenant, Allende. Et d'abord le curé Morelos, qui fut le chef incontesté de l'insurrection pendant quatre ans; homme supérieur, courageux sur le champ de bataille et d'une grande capacité dans le conseil, qui réprouvait énergiquement les traditions sanguinaires de son prédécesseur et ami Hidalgo, pour lequel il professait cependant de la vénération. Morelos fit de vains efforts pour décider les Espagnols à se montrer moins implacables envers les prisonniers, mais il n'y put réussir; c'était une partie essentielle de leur politique. Il existe des proclamations et des ordres du jour du vice-roi Venegas, de Calleja et d'un de ses subordonnés, le général Cruz, qui font dresser les cheveux sur la tête (1). Les atrocités commises

(1) M. Lucas Alaman cite le texte d'une proclamation sanguinaire du vice-roi Venegas, sous la date du 25 juin 1812, et de quelques autres de Calleja devenu vice-roi. C'est un système complet d'extermination, laissé à la discrétion de tous les chefs de détachemens. L'ordre du jour du général Cruz est plus révoltant encore : il porte qu'il faut poursuivre, incarcérer et tuer les insurgés, comme des animaux féroces (*bestias feroces*).

par Hidalgo avaient aussi dû les exaspérer. Il faut pourtant le dire, la terreur et la cruauté étaient des moyens affectionnés de l'ancienne politique espagnole, et elle les pratiquait spontanément sans avoir besoin d'y être provoquée par un sentiment de représailles. Quand elle s'est trouvée en présence d'une insurrection, et en Amérique plus encore qu'en Europe, c'est dans des torrens de sang qu'elle s'est proposé de l'éteindre. Heureux les peuples quand on ne se servait des supplices et des exécutions qu'à titre de répression, car on les a employés souvent à titre préventif! On fusillait les gens non à cause de la part qu'ils avaient prise dans la lutte, mais à cause de celle qu'ils pourraient bien être tentés d'y prendre. Le général espagnol Morillo, l'antagoniste de l'illustre Bolivar, s'est vanté de n'avoir pas laissé dans la capitainerie-générale de Caracas un seul homme dont la Péninsule pût prendre ombrage. Faut-il s'étonner ensuite de l'antipathie qu'excitent dans l'Amérique jadis soumise à l'Espagne l'autorité de cette nation et ses soldats, dont on a si souvent fait des exécuteurs des hautes œuvres!

Le curé Matamoros, lieutenant de Hidalgo et de Morelos, est un personnage digne d'admiration. Morelos et Matamoros furent pris par les Espagnols et passés par les armes, le premier après un jugement solennel à Mexico, le second, plus d'un an auparavant, après avoir fait des prodiges de valeur dans la fatale journée de Puruaran. Morelos, pour sauver la vie de ce lieutenant qu'il affectionnait et auquel il avait donné le premier rang après lui-même, offrit à Calleja de l'échanger contre un assez grand nombre de soldats espagnols qu'il semblait que le vice-roi aurait à cœur de sauver; c'étaient les derniers restes du bataillon des Asturies, qui avait figuré à Baylen et était venu au Mexique avec une grande renommée. Les indépendans les avaient faits prisonniers au Palmar, après un engagement très sanglant. L'inflexible Calleja aima mieux sacrifier ces braves gens que d'épargner Matamoros. Et pourtant sur le champ de bataille de Puruaran les Espagnols semblaient avoir assouvi leur fureur : ils avaient célébré leur victoire en fusillant dix-huit colonels ou lieutenans-colonels. Comme si ce n'eût pas été assez de sang, Calleja répondit à la proposition de Morelos en faisant fusiller son prisonnier. Morelos répliqua par l'ordre d'exécuter les malheureux soldats du bataillon des Asturies; ils étaient plus de deux cents (1). Voilà ce qu'était cette guerre!

Mais continuons l'énumération des principaux personnages de l'armée de l'indépendance. Miguel Bravo périt de la main du bourreau à la Puebla. Plusieurs autres chefs tombèrent sur le champ de bataille; tel Galiana, membre d'une famille qui se dévoua pour l'in-

(1) L'exécution fut cependant retardée, et l'on n'en fusilla qu'une partie.

dépendance; Morelos, lorsqu'il apprit sa mort, qui suivit de près la capture de Matamoros, s'écria : « J'ai perdu les deux bras! » Tel Albino Garcia, qui fit des coups de main heureux contre les Espagnols et finit par succomber : il est devenu un personnage légendaire dans sa province. D'autres, en assez grand nombre, eurent le bonheur de vivre assez pour voir l'étendard de l'indépendance flotter sur toute l'étendue du sol de la patrie. Parmi ceux-ci, l'histoire enregistrera avec honneur le nom de Guadalupe Victoria (1), dont les aventures de 1815 à 1820, alors que l'Espagne avait repris le dessus, ressemblent à un roman. De même Bustamante échappa à tous les hasards de la guerre, quoiqu'il s'y fût exposé plus qu'un autre, et comme Victoria il fut élevé par le suffrage de ses concitoyens à la présidence de la république, une fois l'indépendance reconnue. Tel l'intrépide Guerrero, qui jamais ne déposa les armes et resta jusqu'au bout à la tête d'un corps d'armée; il devait un jour être immolé par la haine aveugle des partis, après avoir exercé pendant quelques instans la suprême magistrature. Tel encore un autre général, Nicolas Bravo, dont le nom mérite d'être transmis à la postérité, moins encore pour les victoires qu'il remporta et pour sa vaillante résistance quand l'adversité poursuivit les indépendans que pour un acte de générosité dont il y eut trop peu d'exemples dans cette lutte acharnée et impitoyable. Son père, don Leonardo Bravo, était entre les mains du vice-roi Calleja, qui se disposait à le faire juger, ce qui veut dire condamner à mort et exécuter. Morelos autorisa don Nicolas à disposer de trois cents prisonniers espagnols qu'il avait entre les mains, pour obtenir la liberté de son père. Nicolas Bravo les offrit en échange au vice-roi; mais celui-ci, systématiquement cruel envers les insurgés, fit exécuter don Leonardo. A cette nouvelle, Nicolas Bravo ordonna de passer par les armes ses trois cents prisonniers et les fit mettre en chapelle, afin que le lendemain matin ils fussent fusillés; mais pendant la nuit la pensée de cette boucherie obséda son âme et finit par le révolter. Il sentit qu'il allait déshonorer la cause de l'indépendance, dont la gloire lui était si chère (2), et au lever du soleil il les mit en liberté en disant qu'il ne fallait pas qu'ils restassent un jour de plus entre ses mains, de peur que l'envie ne lui prît de venger sur eux son malheureux père. Nous au-

(1) Son nom, à ce que rapporte M. Lucas Alaman, était Félix Fernandez. Il le changea pendant la guerre, pour en prendre un qui fût de circonstance. Guadalupe signifiait un indépendant, et Vittoria l'annonce de la victoire qu'il espérait. Son compagnon depuis célèbre, l'insurgé Teran, auquel il communiqua son dessein, lui dit qu'à tant faire il serait plus significatif de s'appeler *Americo Triunfo* (Americ Triomphe).

(2) C'est lui-même qui le raconte ainsi dans une lettre adressée à M. Lucas Alaman, et qui figure dans l'histoire de celui-ci.

rions à mentionner encore le général Rayon, qui servait avec distinction sous Hidalgo, et tint bon jusqu'à la fin, prenant asile, quand il était serré de près, en un camp retranché qu'il avait établi dans le Cerro de Gallo. Le général Teran, dont les services datent de la même époque, et ont été brillans jusqu'au bout, ne saurait être omis sans injustice. Nous pourrions allonger cette liste de vingt autres noms encore, tous plus ou moins dignes d'être transmis à la postérité.

Un personnage auquel on porte une vive sympathie est le *jeune* Mina, qu'on nommait ainsi pour le distinguer de son oncle, le fameux Espoz y Mina, si connu pour son intrépidité et son intelligence de la guerre de guérillas. Quand Ferdinand VII eut violé ses promesses à l'Espagne en remplaçant la constitution des cortès par le gouvernement absolu, le jeune Mina, plein d'enthousiasme pour les idées libérales, organisa, de concert avec son oncle, à Pampelune une tentative d'insurrection qui échoua. Obligé de s'exiler, il conçut le hardi dessein d'attaquer l'autorité de ce prince ingrat et parjure en conquérant au régime constitutionnel le plus beau fleuron de sa couronne d'outre-mer, le Mexique. Renouvelant la tentative de Fernand Cortez, il vint débarquer le 15 avril 1817 dans un petit port du nord, avec une poignée d'aventuriers de toutes les nations, et obtint d'abord des succès merveilleux; mais, coupé dans ses communications avec la mer, peu appuyé par les chefs indépendans qu'il avait rejoints à travers deux cents lieues d'un pays occupé par les Espagnols, il n'eut bientôt plus de ressource que dans l'excès de la témérité, et tenta le coup désespéré de s'emparer de Guanaxuato par surprise avec une petite troupe. Malheureusement il ne lui restait plus que cinquante de ses intrépides compagnons de débarquement. Repoussé dans cette attaque, il fut réduit à fuir, suivi de trois ou quatre hommes à peine, et fut pris dans un *rancho* (petite habitation rurale), où il venait de se reposer, le 27 octobre. Il fut fusillé quelques jours après. Orrantia, l'officier espagnol à qui était échue la bonne fortune de le prendre, eut, quand on le lui amena, la lâcheté de le frapper du plat de son épée et de le mettre aux fers. Le jeune Mina n'avait que vingt-huit ans quand il fut exécuté.

V.

Une révolution mise en marche par les causes que nous avons signalées avait nécessairement pour objet de secouer le joug d'une métropole égoïste et oppressive. L'indépendance était l'idée fixe des insurgés, la haine des *Gachupines* était la passion qui enflammait leurs cœurs et soutenait leurs bras. Quant à savoir quelle serait la forme du gouvernement une fois l'indépendance constituée, c'est une question qui demeurait dans l'ombre ou sur le second plan. La majeure partie des insurgés ne songeait guère à s'écarter du système monarchique, auquel on était habitué; mais on n'avait pas le moyen de l'organiser. Il fallait cependant un gouvernement dans lequel l'élément civil eût au moins sa part, et qui, au lieu de suivre l'armée comme une partie des bagages, fût à résidence fixe dans une ville. Les chefs militaires le sentirent bientôt. Dès 1811 une junte de gouvernement (*junta de gobierno*) fut installée dans la ville de Zitacuaro, province de Valladolid, par les soins du général Rayon, qui commandait une des principales bandes après le désastre de Hidalgo. Elle fut composée d'abord de trois et puis de cinq membres, qui s'étaient à peu près élus eux-mêmes; mais il était entendu qu'elle devrait aussitôt que possible céder la place à une assemblée choisie par tout le pays, autant que ce serait praticable. Le général Rayon s'était placé à la tête de la junte.

L'attitude de ce fantôme de gouvernement fut aussi modérée qu'elle pouvait l'être. La junte déclara brisés les liens du Mexique avec la Péninsule; mais elle offrit à Ferdinand VII le trône mexicain, sous la condition de la résidence. Ainsi c'était une royauté que l'on voulait. La junte exprima même le désir de conserver de bons rapports avec la Péninsule, et elle fit des démarches auprès du vice-roi pour entamer une négociation sur la base de l'indépendance. Pour toute réponse, le vice-roi, c'était alors Venegas, le premier qu'eût envoyé la régence de Cadix, fit brûler la dépêche de la junte par la main du bourreau sur la grande place de Mexico.

Cette apparition d'un gouvernement insurrectionnel, qui publiait des décrets et des proclamations, et affectait d'exercer tous les attributs de l'autorité civile et politique, excita au plus haut point la colère des Espagnols, et pour étouffer le monstre dans son berceau, le fléau des indépendans, le général Calleja, fut envoyé contre Zitacuaro. Il la prit de vive force, après une résistance moins acharnée cependant qu'on n'aurait pu le supposer, eu égard aux préparatifs qu'on avait faits et aux ouvrages qu'on avait amoncelés autour de la ville. Il fit fusiller plusieurs des notables, qui n'avaient pas eu la prudence de s'enfuir avec la junte. Il enjoignit à tous les habitans sans exception de vider les lieux immédiatement avec ce qu'ils pourraient emporter de leurs meubles et effets, déclarant tout le reste confisqué, ainsi que les terres. Les ecclésiastiques furent traînés à Valladolid pour y être mis à la disposition de l'évêque, auquel tous les vases sacrés et les ornemens d'église furent pareillement délivrés. Les Indiens du voisinage n'eurent grâce de la vie qu'à la condition de venir détruire les fortifications érigées par les insurgés autour de Zitacuaro. La ville fut condamnée à être brûlée au départ de l'armée, et le fut en effet, et il fut défendu de la rebâtir. La même proclamation portait que toute ville ou village qui recevrait les membres de la junte ou quelqu'un de ses agens, ou qui résisterait aux troupes royales, éprouverait le même châtiment sommaire. On livra aux flammes ceux des villages indiens des environs qui s'étaient fait remarquer par leur zèle en faveur de l'insurrection. Zitacuaro, qu'on traita comme une autre Carthage, était une des plus florissantes villes de l'intendance de Valladolid; elle a été relevée de ses ruines.

Ces actes cruels n'empêchèrent pas la junte de subsister, mais elle ne donna plus de signes de vie que par ses discordes intestines, jusqu'au moment où elle fut remplacée par une réunion du même genre, plus nombreuse, et à la formation de laquelle l'élection était moins étrangère. Celle-ci prit, à l'imitation des États-Unis probablement, le nom de congrès, et se tint dans la ville de Chilpancingo. Le congrès nomma Morelos généralissime, nonobstant les prétentions de Rayon, et lui conféra le titre d'altesse, qu'il déclina; il le remplaça par celui de serviteur de la nation (*siervo de la nacion*). La première manifestation politique du congrès fut une déclaration de l'indépendance du Mexique, acte qui fut concerté avec Morelos, et dont il avait même fourni les principales données dans une note qu'il avait intitulée : *Sentimens de la nation*. La déclaration d'indépendance fut ce qu'elle devait être après les violences de Calleja sur Zitacuaro. Le Mexique rompait absolument avec Ferdinand VII. En cela, Morelos se montrait plus sincère que Hidalgo, qui détestait trop cordialement les Espagnols pour vouloir réellement du gouvernement de ce prince, et qui sans doute n'en avait proclamé le nom que pour grossir le nombre de ses partisans et les rangs de son armée. La déclaration ne s'expliquait qu'incomplétement sur la forme qu'aurait le gouvernement une fois le Mexique affranchi. Les termes de cette pièce, combinés avec la note émanée de Morelos et avec une proclamation qu'il publia un peu plus tard, en janvier 1813, à Oaxaca, sembleraient indiquer que les opinions politiques de ce chef étaient un mélange des idées qui avaient été proclamées par la révolution française, et ensuite par les cortès de Cadix, avec celles que les jésuites avaient mises en pratique dans les missions du Paraguay. On aperçoit en effet dans ces trois documens mexicains les germes d'une théocratie qui eût passé le niveau sur toutes les têtes. Il y était dit que la nation mexicaine reprenait sa souveraineté et l'exerçait par ses représentans, que l'esclavage des noirs était aboli, que les priviléges de la naissance ou de la couleur disparaissaient, que la justice criminelle n'emploierait plus la torture; mais en même temps la religion catholique était déclarée la seule qui fût reconnue et pût être pratiquée, même en secret. La liberté de la presse était instituée, mais seulement pour les sciences et la politique, ce qui voulait dire à l'exclusion des matières religieuses. Le commerce extérieur était permis sous des droits modérés, mais les étrangers n'étaient reçus qu'autant que ce seraient des ouvriers ou artisans pouvant enseigner leur profession, et ils devaient séjourner dans des ports désignés à cet effet, sans qu'il leur fût loisible de pénétrer dans l'intérieur, quand bien même ils appartiendraient à la *nation la plus amie*. La propriété devait être respectée; le congrès devait faire des lois qui obligeassent les hommes à la constance et au patriotisme, modérassent également l'opulence et l'indigence, et eussent pour effet d'élever le salaire du pauvre, d'améliorer ses mœurs, de dissiper son ignorance et de l'éloigner du crime. Il était défendu de jouer autrement que pour se distraire ou s'amuser; la fabrication et l'usage des cartes étaient interdits. Les dettes contractées jusqu'alors envers les Européens, c'est-à-dire les Espagnols, étaient annulées, par application de la règle que tous les biens des Espagnols étaient confisqués. La protection ou l'assistance donnée aux Espagnols par action, par parole ou par écrit était érigée en crime de haute trahison, de même que le refus de contribuer aux frais de la guerre de l'indépendance. A ces dispositions politiques étaient venues se mêler des prescriptions assez difficiles à faire passer dans la pratique, tellés que de fuir les vices qui découlent de l'oisiveté, et en conséquence de se livrer au travail, chacun dans sa profession, les femmes se consacrant aux occupations domestiques, les prêtres au salut des âmes, les laboureurs au soin de leurs champs, les ouvriers au maniement de leurs outils. Un des premiers actes du congrès fut de rétablir l'ordre des jésuites, aboli dans les domaines de l'Espagne depuis Charles III. C'était, disait-on, afin de donner à la jeunesse l'instruction chrétienne dont elle manquait, et d'avoir des missionnaires zélés pour la Californie et les provinces frontières du nord.

C'est le 5 novembre 1815, lorsqu'il escortait le congrès traqué par les commandans espagnols, que Morelos fut fait prisonnier à Temescala. Pour mieux protéger cette assemblée, il s'était placé à l'arrière-garde, où il faisait bravement face aux Espagnols, tout près de l'enlever. L'officier espagnol entre les mains duquel il tomba, don Manuel Concha, lui témoigna de grands égards; quant à lui, il montra une résignation courageuse. « Ma vie n'est rien, dit-il, si le congrès est sauvé. Ma tâche était finie du moment qu'un gouvernement indépendant était établi. » Le congrès en effet fut sauvé par Nicolas Bravo, que Morelos avait chargé de sa sûreté, et il arriva à Tehuacan, où Teran lui fit d'abord bon accueil. Mais au milieu de l'adversité commune l'harmonie ne fut que de courte durée. La discorde se glissa bientôt entre ce chef militaire et ce gouvernement civil qui voulait prendre la direction des affaires, devenues si difficiles. Le 15 décembre, Teran dispersa le congrès par la force. Morelos, au fond de sa prison de Mexico, eut la douleur d'apprendre que cette création, à laquelle il attachait un si grand prix, ne lui survivrait pas. Le congrès n'avait jamais possédé une autorité bien effective. Il n'en était pas moins une utile machine de gouvernement; il formait un point de ralliement, il était l'unité de l'insurrection. Sa destruction fut un malheur et un symptôme aggravant de la mauvaise fortune des indépendans.

C'est un fait digne d'être signalé que le congrès n'avait pas perdu courage dans la mauvaise fortune. Après les malheurs qui accablèrent l'armée principale des insurgés à la fin de 1813 et à l'ouverture de 1814, il fut presque toujours fugitif. Deux corps espagnols, commandés l'un par le brigadier Negreto, l'autre par le capitaine don Miguel Béisteguy, étaient à sa poursuite. Il n'en continuait pas moins ses travaux. Il acheva ainsi la discussion d'une constitution politique. Cette œuvre, qui était destinée à rester sur le papier, fut proclamée en octobre 1814. On célébra à cette occasion des fêtes aussi solennelles qu'on le put dans la petite ville d'Apatzingan, où siégeait alors le congrès. Une médaille fut frappée en commémoration de l'événement. Morelos y assistait en qualité de l'un des trois membres du pouvoir exécutif que créait la constitution. C'était une compilation des idées de l'assemblée constituante française de 1789 et des formules consacrées par les cortès espagnoles en 1812. Le seul incident digne d'être relevé par l'histoire, auquel ait donné lieu cette constitution d'Apatzingan, est l'explosion de colère qu'elle provoqua de la part des autorités espagnoles. Le vice-roi Calleja déféra la constitution au conseil royal (*real acuerdo*), qui la condamna avec appareil le 14 mai 1815. A la suite de cet arrêt, le vice-roi la fit brûler par la main du bourreau sur la grande place de Mexico et ordonna que la cérémonie se répétât dans toutes les capitales de provinces. En même temps il publia une proclamation portant que tous les détenteurs d'exemplaires de la constitution ou de papiers de même nature étaient tenus de les délivrer à l'autorité dans les trois jours, sous peine de mort et de la confiscation de leurs biens. Les mêmes peines devaient être appliquées à quiconque défendrait ou appuierait la révolution, ou en « parlerait favorablement. » Quiconque, ayant entendu une pareille conversation, se serait abstenu de la dénoncer au gouvernement ou aux tribunaux, devait être déporté avec confiscation de ses biens. Il était défendu de se servir par parole ou par écrit des termes d'insurrection et d'insurgés pour désigner la révolution et ses partisans. On devait dire la rébellion ou la trahison, les rebelles ou les traîtres. Toutes les localités étaient tenues de déclarer par acte authentique qu'elles n'avaient pris aucune part à la nomination des membres du congrès.

VI.

Même avant la prise de Morelos, dès la bataille de Valladolid et le combat de Puruaran, la cause des indépendans était perdue militairement. Livrer une bataille était au-delà de leur puissance. Ce n'étaient guère plus que des guerrillas obligées de se tenir reployées dans des retraites impénétrables, où elles rentraient après des excursions faites à l'improviste. Calleja, alors vice-roi, fit, le 22 juin 1814, après tous ses succès et ceux de ses lieutenans une proclamation où il exaltait son armée, et dans les termes les plus dédaigneux signalait l'insurrection comme extirpée; mais cet habile militaire, qui avait un coup d'œil sûr, savait bien, alors même qu'il parlait en termes si pompeux de ses victoires et de l'anéantissement prétendu des insurgés, que la cause de l'indépendance n'en était pas moins assurée de triompher, parce qu'elle était gagnée dans le cœur des Mexicains. On en trouve la preuve dans une pièce officielle qui était destinée à rester secrète, mais que le cours des événemens postérieurs a fait tomber dans le domaine de la publicité. C'est un rapport de Calleja au gouvernement de Ferdinand VII, qui est à peu près contemporain de sa proclamation si orgueilleuse et si confiante, car il est du 14 août 1814. Ce document porte que l'esprit de *rébellion* s'est emparé du pays, se manifeste partout et toujours, de manière à être insaisissable et à défier tous les moyens de répression. Ce n'était pas seulement le guerrillero caché derrière un rocher ou parmi les cactus, c'était une complicité universelle à laquelle participaient toutes les classes et tous les âges. « Le juge, disait Calleja, dissimule les crimes des insurgés ou s'abstient de les punir, quand il n'y a pas mis la main. Le clergé, dans le confessionnal, insinue la désobéissance et l'indépendance aux fidèles, quand il ne la recommande pas du haut de la chaire. Les écrivains corrompent l'opinion en sa faveur. Les femmes séduisent les militaires. Le fonctionnaire avertit les rebelles des plans de ses supérieurs; la jeunesse se tient prête et s'arme; le vieillard intervient par ses conseils. Les corporations affectent d'être en mésintelligence avec les Européens, refusent de les admettre dans leur sein et esquivent toute assistance au gouvernement; on travestit les actes de l'autorité pour les faire détester, on les discrédite par des remontrances pour lesquelles on trouve toujours un prétexte. C'est ainsi que tout le monde est d'accord pour miner l'édifice de l'état en s'abritant sous les institutions libérales. »

Ces dernières paroles de Calleja font allusion à la constitution des cortès, qui, proclamée en 1812 dans la Péninsule, avait été introduite dans les colonies par la volonté expresse des cortès elles-mêmes. Le premier effet de la constitution fut de conférer des droits électoraux à la population blanche, ou supposée telle. Ce fut pour les partisans de l'indépendance une occasion de se compter. Ils posèrent en principe d'écarter systématiquement les Espagnols (cette qualification signifie toujours, dans cet article, les natifs d'Espagne). Dès le premier moment, on eut six cent cinquante-deux élections à faire pour les *ayuntamientos* et pour diverses autres fonctions. Sur ce nombre d'élus, pas un ne fut un Espagnol. L'*audiencia*, à une *représentation* de laquelle j'emprunte ce fait, ajoute que les choix tombèrent sur des hommes connus pour leur attachement à l'indépendance, qui s'étaient signalés en s'opposant aux emprunts et aux souscriptions volontaires destinés à secourir la métropole, qui avaient même signé la demande d'une junte mexicaine en 1808, ou encore sur des prêtres qui s'étaient fait remarquer par leur sympathie affichée pour l'indépendance.

Le régime constitutionnel n'avait pas eu seulement pour effet de concentrer entre les mains des Mexicains tout ce qu'il y avait de fonctions électives en vertu de la constitution même; il avait aussi donné beaucoup de facultés aux amis de l'indépendance par les obstacles qu'il opposait aux exécutions sommaires et aux arrestations préventives. Il les avait particulièrement aidés par la liberté de la presse, qui s'était révélée par un déluge d'écrits. On avait dévoilé tous les abus de la domination espagnole, en les amplifiant et en les grossissant de griefs imaginaires. Quand le vice-roi, d'accord avec l'*audiencia*, prit sur lui de suspendre la liberté de la presse, il était trop tard; l'éruption du volcan n'avait duré que soixante-six jours, mais elle laissait des traces ineffaçables. La domination de l'Espagne était jugée. Ce n'était pas un des moindres résultats du régime constitutionnel d'avoir aboli l'inquisition, l'effroi des personnes qui se permettaient de penser avec quelque liberté sur les matières religieuses ou politiques.

Peu après la rentrée de Ferdinand VII en Espagne, la constitution fut abolie au Mexique comme dans tout le reste de la monarchie. Le vice-roi fut armé de nouveau de toutes les ressources du gouvernement absolu, y compris l'inquisition, qu'on s'empressa de rétablir. L'Espagne, débarrassée de la guerre, envoya des troupes avec lesquelles elle put occuper solidement les villes principales, poursuivre et disperser les bandes des insurgés, et enfin une amnistie générale fut proclamée. Presque tous les indépendans en profitèrent, sans que leur cœur renonçât à ce qui était devenu la passion de leur vie. Un observateur superficiel pouvait penser que le pays était pacifié, que la restauration de l'autorité métropolitaine était définitivement accomplie. Le vice-roi par lequel Ferdinand VII avait remplacé Calleja, en septembre 1816, don Juan Ruiz de Apodaca, se montrait modéré et bienveillant. Ce fut lui qui reçut la soumission d'un grand nombre de chefs. Dans la joie que lui causaient ces succès, il eut la simplicité ou la forfanterie d'écrire à Madrid que la révolution était définitivement vaincue (1). Peut-être aussi n'était-ce de sa part qu'une de ces flatteries que les fonctionnaires se permettent toujours, parce qu'ils savent que toujours elles sont bien accueillies. Il était certain au contraire qu'il ne manquait qu'une occasion pour que l'esprit d'indépendance fît une nouvelle explosion, cette fois irrésistible par l'accord des volontés. Or, quand les peuples ont une résolution bien arrêtée, la Providence se charge de leur fournir l'occasion attendue, et c'est à eux de la saisir.

En 1820, le gouvernement absolutiste du roi Ferdinand VII, se croyant bien le maître dans la Péninsule, porta son regard à l'extérieur, et résolut de faire un grand effort pour rétablir son autorité dans la partie du Nouveau-Monde qui lui échappait le plus visiblement. En conséquence, il organisa une expédition formidable qui avait pour destination les contrées qu'arrose la Plata. L'armée expéditionnaire était réunie dans l'île de Léon, et elle allait partir, sous les ordres de Calleja, appelé alors le comte de Calderon, en mémoire d'une de ses plus insignes victoires sur les Mexicains. Cette agglomération de troupes dans l'île de Léon devait amener de grands événemens, bien différens de la conquête pour laquelle on l'avait préparée. Les officiers principaux, nourris des idées de la révolution française, d'où était déjà née la constitution des cortès de 1812, supportaient avec indignation le despotisme dégradant sous lequel Ferdinand VII avait courbé leur patrie. Quelques hommes courageux se résolurent à renouveler une fois de plus la tentative qui avait coûté la vie à de braves gens tels que Porlier, Lacy, Richard, Vidal et Bertrand de Lis. Une conspiration se forma pour le rétablissement de la constitution de 1812, et le 1er janvier 1820 le colonel Riego, qui commandait le bataillon des Asturies, cantonné près de Séville, proclama la constitution et marcha sur le quartier-général. Il fut secondé par le colonel Quiroga, qui, poursuivi pour sa participation à un complot antérieur et mis en prison, s'en était échappé et avait décidé plusieurs bataillons à le suivre. Peu de temps après, la constitution était rétablie en Espagne, et par cela même, virtuellement au moins, dans les colonies, car elle était impérativement applicable aux possessions d'outre-mer. Cette nouvelle excita une grande émotion dans tout le Mexique. Le vice-roi Apodaca

(1) Il avait cependant quelques raisons personnelles de savoir qu'il existait encore des guerrillas mexicaines remplies d'audace. Après son débarquement, quand il se rendait de la Vera-Cruz à Mexico, escorté par des troupes assez nombreuses qu'il avait amenées avec lui de La Havane, il avait été attaqué à Ojo de Agua, entre Perote et la Puebla, et si le commandant des insurgés, Teran, eût mieux pris ses dispositions, il aurait pu être enlevé.

se prêta de mauvaise grâce à remettre en activité la constitution. Il lui fallut cependant se soumettre en apparence; mais il conçut le dessein de relever l'autorité absolue de Ferdinand VII, dans le Mexique au moins, en opposant une insurrection militaire à celle qui avait réussi dans l'île de Léon. Sous le prétexte de détruire les restes des corps indépendans qui tenaient encore dans les montagnes du sud, du côté de l'Océan-Pacifique, sous les ordres de l'indomptable Guerrero et d'Asentio, il rassembla des troupes et mit à leur tête un officier sur lequel il croyait pouvoir compter.

Il était encouragé dans ces projets par Ferdinand VII, qui lui avait secrètement écrit qu'il se disposait à fuir l'Espagne pour venir s'établir à Mexico, où il se flattait de trouver, au milieu de sujets plus dévoués que ceux de la Péninsule, un asile contre le génie de la révolution (1). Le colonel don Augustin Iturbide, choisi par le vice-roi pour l'œuvre réactionnaire, était un créole qui avait donné des gages multipliés à la cause de la mère-patrie pendant le cours de la guerre contre Hidalgo et Morelos. On citait de lui non-seulement de grands faits d'armes, tels que ceux de Valladolid et de Puruaran, mais aussi des actes d'une révoltante cruauté. En 1814, pour célébrer dignement le vendredi saint, après un combat où il avait eu l'avantage à Salvatierra, il avait imaginé de faire fusiller ce jour-là trois cents prisonniers, sous prétexte qu'ils étaient excommuniés, car les autorités espagnoles du Mexique employaient les armes spirituelles en même temps que le sabre, la mousqueterie et le canon pour soumettre les indépendans. M. Ward, qui en sa qualité de chargé d'affaires de l'Angleterre était en position d'être bien informé, assure que la dépêche adressée au vice-roi par Iturbide, pour lui annoncer cet acte d'une bigoterie féroce, existait de son temps dans les archives de Mexico. En 1820 Iturbide, de même que les autres créoles qui s'étaient rangés d'abord sous le drapeau de l'Espagne, était plus qu'ébranlé. Dans les premières années de la lutte de l'indépendance, le sentiment de la conservation avait rattaché un grand nombre de propriétaires créoles à la cause de la mère-patrie, malgré les griefs légitimes qu'ils avaient contre elle. M. de Humboldt, qui a observé l'Amérique espagnole en philosophe non moins qu'en naturaliste, écrivait en 1803 : « Depuis 1789 la crainte qu'inspire aux blancs et à tous les hommes libres le grand nombre de noirs (2) et d'Indiens arrête les effets de leur mécon-

(1) M. Lucas Alaman donne cette lettre dans son histoire. La famille d'Apodaca a nié qu'elle fût parvenue au vice-roi, et même que celui-ci eût voulu organiser la contre-révolution. M. Alaman publie cette réclamation dans un chapitre additionnel.

(2) Cette observation de M. de Humboldt s'applique à l'Amérique espagnole en masse, et non pas au Mexique spécialement. Dans le Mexique en particulier, le nombre des noirs était fort limité.

tentement. » Les massacres tolérés par Hidalgo ou ordonnés par lui avaient augmenté ces appréhensions des blancs et refroidi leur zèle pour l'émancipation; mais en 1820 l'amour de l'indépendance nationale avait enfin surmonté tout autre sentiment. Iturbide suivit le torrent de l'opinion avec la pensée de le diriger; il n'est pas interdit de supposer qu'il entrevit dès lors la chance de faire tourner le mouvement à son avantage personnel. Il reçut les confidences du vice-roi en serviteur zélé, de manière à l'endormir dans une sécurité complète, et alla se placer à la tête des troupes que lui confiait le crédule Apodaca. Une fois à son poste, comptant sur sa popularité parmi les soldats mexicains rangés sous le drapeau de l'Espagne, il ne balança pas à entreprendre une révolution diamétralement opposée à celle que rêvait le vice-roi. La force espagnole au Mexique se composait de onze régimens de soldats de la Péninsule contre vingt-quatre d'indigènes : si, par un programme habilement combiné, il réussissait à mettre ces derniers de son côté, il était le maître de la situation, car une fois qu'il aurait relevé l'étendard mexicain, les soldats de l'indépendance ne viendraient-ils pas grossir les rangs de son armée? L'opinion, qui se taisait par la terreur qu'inspiraient les Espagnols, ne lui fournirait-elle pas alors cet appui moral, qui est l'invincible auxiliaire et l'irrécusable justification de la force matérielle? S'étant transporté dans la ville d'Iguala avec la partie de ses troupes dont il était le plus sûr, il y proclama, le 24 février 1821, l'indépendance du Mexique avec un programme qui est resté célèbre sous le nom de *plan d'Iguala*. C'est une pièce remarquable par sa modération et par la pensée de conciliation qui l'a dictée. Il y est dit que le Mexique sera un état indépendant, que la forme du gouvernement sera monarchique, sous la dénomination d'empire, que la gloire de Napoléon avait accrédité partout, avec une constitution en rapport avec les mœurs du pays. Le trône du Mexique était offert à Ferdinand VII, ainsi que l'avait déjà voulu la junte de Zitacuaro, des idées de laquelle il semble qu'Iturbide se soit inspiré sur plusieurs points. Sur le refus de Ferdinand VII, la même offre serait adressée aux deux infans d'Espagne, ses frères, don Carlos et don François de Paule, puis à l'archiduc Charles d'Autriche, celui qui avait eu le rare honneur de disputer la victoire, une ou deux fois en sa vie, à l'empereur des Français. A défaut de ces princes, on appellerait un membre de quelqu'une des maisons régnantes de l'Europe. Iturbide avait trop longtemps combattu dans les rangs des Espagnols pour n'être pas enclin à les ménager; c'était d'ailleurs conforme à la pensée de conciliation générale qu'il proclamait sagement. En conséquence, le plan d'Iguala assimilait complétement les natifs d'Espagne aux autres habitans du Mexique; il leur promettait la conservation de leurs emplois, ce qui était beaucoup s'engager, car c'eût été laisser le pays pendant quelque temps entre les mains des Espagnols, à l'exclusion des Mexicains, puisqu'en vertu du système imperturbablement pratiqué jusqu'alors, excepté pendant le court intervalle de la constitution, toutes les places avaient été réservées aux natifs de la Péninsule, et le renouvellement, abandonné aux seules causes naturelles, ne pouvait qu'être fort lent.

La proclamation qui précédait le plan méritait le meilleur accueil par l'excellent esprit dont elle était empreinte, et elle produisit dans tout le pays un excellent effet. Iturbide eut aussitôt l'adhésion de Guerrero, qui, avec une abnégation dont peu de généraux mexicains ont par la suite donné l'exemple, et dont plus tard il eut le malheur de se départir lui-même, vint se placer sous ses ordres avec ses bandes, qui offraient un singulier mélange d'aspect martial avec les marques les plus apparentes des privations et du dénûment (1). De divers points, des signes d'assentiment répondirent à Iturbide. Les natifs de la Péninsule cependant persistaient dans leur système. Ils ne pouvaient se faire à l'idée de traiter les Mexicains autrement qu'en peuple conquis. Leur force principale était à Mexico, où résidaient, entourées d'une garnison choisie, les principales autorités, et où siégeait la formidable *audiencia*, qui donnait l'exemple d'un immuable attachement aux anciennes règles de gouvernement. Leur attitude implacable, par l'effroi qu'elle inspirait, contint un moment l'enthousiasme des populations; mais ce fut court. Ils recommencèrent la faute de 1808 : ils déposèrent le vice-roi Apodaca comme ils avaient fait d'Iturrigaray, sans l'incarcérer néanmoins, et ils installèrent à sa place un officier d'artillerie, le général Novella, qui ne sut ou ne put rien combiner de mieux que de s'enfermer dans la capitale avec les troupes espagnoles. Cependant de toutes parts les appuis surgissaient pour Iturbide. Les villes et les provinces se déclaraient pour le plan d'Iguala. Les régimens indigènes se prononçaient. Ce qui restait des soldats de l'indépendance reprenait les armes pour se rallier à l'armée libératrice. Nicolas Bravo reparut ainsi sur la scène. Bientôt ce fut Guadalupe Victoria, que l'on croyait mort, et dont un bulletin officiel, signé du chef de la troupe envoyé à sa recherche, avait annoncé qu'on avait trouvé le cadavre dans le bois où il s'était réfugié plutôt que d'accepter l'amnistie qu'on lui offrait. Sur ces entrefaites arriva à la Vera-Cruz le nouveau vice-roi que le gouvernement constitutionnel de Madrid envoyait en remplacement d'Apodaca : c'était le général O'Donuju, l'un des amis des héros de l'île de Léon, Riego et Quiroga. Il n'amenait pas de troupes, il était seul.

(1) Une partie de ses hommes avaient contracté des maladies hideuses en bivaquant indéfiniment dans les forêts de la région chaude, qui sont infestées d'insectes dangereux.

Iturbide fit envers lui une démarche hardie et intelligente. Il lui proposa une entrevue qui aurait lieu à Cordova, ville située à peu de distance de la Vera-Cruz, sur la route de Mexico. O'Donuju s'y rendit, et là, le 27 septembre, fut signé par les deux chefs un traité qui reproduisait les termes du plan d'Iguala, sauf quelques modifications accessoires ou qui semblaient telles. C'est ainsi qu'un troisième infant d'Espagne, don Carlos-Luiz, héritier du grand-duché de Lucques, était substitué à l'archiduc Charles d'Autriche, et que la qualité de membre d'une maison régnante cessait d'être indispensable chez le candidat que les cortès de l'empire mexicain pourraient élever au trône, à défaut de l'acceptation de Ferdinand VII et des trois infans d'Espagne. Pour surveiller l'exécution loyale du traité de la part des Mexicains, O'Donuju devait être un des membres de la junte provisoire chargée de diriger le gouvernement, et il siégeait en cette qualité lorsque la mort vint le surprendre.

En acceptant la transaction de Cordova, O'Donuju se conduisit en homme judicieux, en politique éclairé, en véritable patriote heureusement inspiré. Réclamer davantage pour l'Espagne eût été chimérique, et pourtant, lorsque les commissaires envoyés du Mexique arrivèrent à Madrid, ils y furent très mal accueillis. Le roi Ferdinand VII n'éprouvait aucun attrait pour un trône moins glorieux à son gré que celui des Castilles, et qui serait de même environné des entraves, à ses yeux fort déplaisantes, d'une constitution. D'ailleurs les Espagnols, quoiqu'ils n'aimassent guère ce prince, ne l'auraient pas laissé partir, n'ayant pas mieux ou n'ayant que pis pour le remplacer. L'infant don Carlos, un moment séduit par la perspective de régner à Mexico, était retenu par l'espérance de succéder au trône d'Espagne, le roi son frère n'ayant pas d'enfant alors. Seul, l'infant don François de Paule aurait goûté le programme concerté à Cordova, et on assure qu'il eut un moment le projet de se jeter dans un navire de commerce et de partir à tout hasard; mais avant tout et par-dessus tout c'était aux cortès de prononcer. Au sein des cortès, le traité de Cordova fut blâmé, déclaré nul et non avenu, et, malgré la pénurie où l'on était, on forma la résolution d'envoyer des renforts aux corps espagnols, qui occupaient encore des positions de résistance en Amérique. C'est ainsi qu'au Mexique même une garnison espagnole tenait ferme dans le fort de Saint-Jean-d'Ulloa et dominait le principal siége du commerce du Mexique avec l'Europe, la Vera-Cruz. M. Lucas Alaman, qui depuis a joué un grand rôle au Mexique parmi les chefs du parti conservateur, était alors député aux cortès à titre de Mexicain. Il a vu de près, comme témoin et comme acteur, tout ce qui se passait dans cette assemblée. Il en a consigné le détail dans sa volumineuse histoire. Il fait remarquer avec raison que la conduite tenue par les cortès et par le cabinet se comprendrait si la Péninsule avait eu les forces nécessaires pour comprimer le sentiment d'indépendance qui régnait dans les cœurs des habitans de presque tout un continent, et du Mexique en particulier; mais de bonne foi en était-on là? N'était-on pas réduit aux dernières limites de l'impuissance?

La conséquence pour le Mexique fut celle qu'il était aisé de prévoir. Iturbide jouissait d'une popularité immense d'un bout à l'autre du Mexique, et dans l'ivresse qu'inspirent toujours les acclamations de la foule il devait être tenté d'user et d'abuser des grands pouvoirs dont il avait été aussitôt investi, et dont l'exercice lui était peu familier. Il s'ensuivit qu'il fut bientôt en désaccord avec le congrès qui s'était réuni, afin de constituer le pays, aux termes mêmes du plan d'Iguala. Travaillée par les Anglo-Américains, qui avaient organisé dans le pays des loges maçonniques, celles des *Yorkinos* (1), où l'on était pour la démocratie, frappée d'ailleurs de la prospérité que le système républicain avait procurée aux États-Unis, cette assemblée était de moins en moins favorable au régime monarchique, pour lequel le personnage le plus nécessaire, le monarque, faisait défaut. Par l'effet de la lutte qui existait entre le congrès et lui, et sous l'influence des discussions animées qui avaient lieu dans le public sur les avantages respectifs de la monarchie et de la république, Iturbide, de la position de champion du régime monarchique, passa à celle de candidat à la couronne. Le texte de la convention de Cordova lui permettait ces hautes visées. Un parti nombreux se mit à l'y pousser. Selon le témoignage de M. Lucas Alaman, le haut clergé, redoutant les principes qui dominaient dans le congrès, lui était favorable. Des menaces proférées contre sa vie, et enfin une conspiration, dont l'objet était de l'assassiner, eurent un résultat semblable à celui qu'avaient déterminé en France la machine infernale et les complots de George, Moreau et Pichegru. Le zèle de ses partisans en fut redoublé, et lui-même fut mis en demeure de se prononcer.

Dans la soirée du 18 mai 1822, des soldats, guidés par un sous-officier, parcoururent la ville au cri de *vive Augustin Ier!* La multitude acclama. Le lendemain matin, le congrès fut envahi, et dut délibérer sous les regards impatiens des tribunes, que remplissait une foule ardente. Iturbide, appelé à assister à la délibération, s'y était rendu, et ne la quitta pas un instant. Quelques députés essayèrent de faire prévaloir des moyens dilatoires, et par exemple de faire décréter qu'on demanderait des pouvoirs aux provinces. Ce fut en vain. A la fin, 71 voix contre 15 décernèrent la couronne im-

(1) D'après le nom de la ville de New-York.

périale à Iturbide. L'empire était institué. Une cérémonie splendide pour le couronnement de l'empereur et de l'impératrice, et dans laquelle on copia autant qu'on le put le sacre de Napoléon Ier et de l'impératrice Joséphine en 1804, charma la population de la capitale, avide de spectacles. On organisa une cour nombreuse, où l'étiquette déployait ses exigences et son faste. J'ai rencontré à Mexico, en 1835, un tapissier français qui était allé proposer à Iturbide, devenu empereur, de lui faire un lit sur le modèle de celui du grand Napoléon aux Tuileries. L'offre avait été acceptée avec empressement, et le lit payé un prix fabuleux. Puériles parodies! Comme si c'était en lui empruntant son tapissier qu'on s'égale à un grand homme! Quelques mois s'étaient à peine écoulés que le nouveau trône tremblait sur ses fondemens. La plupart des généraux étaient mécontens d'obéir à un chef qui n'avait pas de titres plus brillans que les leurs, et qui les avait combattus, eux soldats de l'indépendance, lui enrôlé parmi les Espagnols, et impitoyable entre tous envers les indépendans vaincus. On avait un autre grief contre le nouvel empereur. Dans cette guerre où les propriétés n'étaient pas plus respectées que les personnes, la spoliation s'était donné carrière. Iturbide, déjà couvert du sang des prisonniers, ses concitoyens, s'était signalé aussi par ses excès dans cet autre genre. La province de Guanaxuato avait été particulièrement le théâtre de ses rapines. Il fut dénoncé au vice-roi par des personnes respectables dans l'espèce de suspension des hostilités qui suivit l'anéantissement de l'armée de Morelos et l'exécution de ce chef, et la clameur publique fut telle que le vice-roi dut ordonner une instruction judiciaire; mais ce vice-roi était Calleja, qui faisait grand cas de la bravoure d'Iturbide et qui considérait comme des péchés véniels toute espèce d'actes sommaires envers les indépendans, pourvu qu'on réprimât l'insurrection. Sous l'inspiration du vice-roi, l'instruction judiciaire, qui d'ailleurs avait été confiée à un ennemi impitoyable des insurgés, le magistrat Bataller, dont il a été parlé plus haut, aboutit à ce que nous appellerions en France un arrêt de non-lieu de la chambre des mises en accusation; mais la conscience des honnêtes gens n'avait pas ratifié cette indulgence. Ainsi le gouvernement impérial d'Iturbide soulevait des répugnances motivées et des haines violentes, sans parler des jalousies individuelles, qui de toutes les résistances dressées contre lui n'étaient pas les moins dangereuses.

Dès le mois de septembre 1822, l'antagonisme était patent entre Iturbide et le congrès. En novembre, le général Santa-Anna, qui avait été comblé de faveurs inouies par Iturbide (1), leva à Vera-Cruz

(1) En peu de mois, du grade de capitaine il avait été porté à celui de brigadier, c'est-à-dire officier-général.

l'étendard de la révolte. Guadalupe Victoria s'associa presque aussitôt à ses efforts. Au commencement de janvier, Guerrero et Bravo s'unissaient aux insurgés, et dans les derniers jours de mars 1823 il n'y avait plus d'empire. Au mois de mai, une frégate anglaise emportait vers l'Europe l'empereur déchu avec sa famille. Le congrès, reconnaissant les services qu'il avait rendus à la patrie, lui assignait une pension de 125,000 francs, à la condition de ne pas rentrer dans le pays.

C'est ainsi que succomba au Mexique la cause de la monarchie. Elle y conserva cependant des partisans nombreux. Très peu de personnes gardaient l'espoir ou le désir de voir monter sur le trône un prince de la maison d'Espagne. Cette idée eut même bientôt contre elle l'unanimité du vœu national. On était irrité du refus de Ferdinand VII et des cortès d'accorder un prince de la famille royale et de reconnaître le Mexique indépendant en négociant avec lui pour assurer au commerce espagnol un traitement de faveur. A ce dépit se joignit en 1829 l'irritation causée par une nouvelle tentative à main armée pour faire rentrer le Mexique sous le joug. Une petite armée espagnole, commandée par le général Barradas, vint débarquer à Tampico, mais ce ne fut que pour essuyer une défaite humiliante, que lui infligèrent immédiatement les généraux Teran et Santa-Anna. La haine contre les Espagnols, qui était déjà vive, en fut grandement envenimée, et elle reste aujourd'hui le sentiment politique le plus vivace qu'il y ait dans le pays. Un exil en masse, voté par le congrès dans un moment de passion publique, frappa toutes les personnes nées dans la Péninsule. Mesure funeste, car la violence est rarement profitable, et ici on faisait perdre au Mexique une population plus instruite et plus industrieuse que le reste, et avec elle une grande quantité de capitaux.

Rebuté par l'Espagne et animé à son tour contre elle d'une extrême répugnance, le parti monarchique, parmi les Mexicains, se flattait au moins de la pensée qu'un pays aussi vaste, aussi beau, aussi bien doté en richesses de toute sorte, et aussi parfaitement situé, tenterait quelque rejeton de quelqu'une des maisons souveraines de l'Europe; mais, au moment de la chute d'Iturbide, les opinions légitimistes, mises à la mode et érigées en système par M. de Talleyrand à l'époque du congrès de Vienne, exerçaient une domination absolue dans les conseils des monarchies catholiques, les seules auxquelles on eût pu s'adresser. A Paris, à Vienne ou à Munich, on eût repoussé comme un larcin et une usurpation l'idée d'envoyer à Mexico, pour y être empereur, un prince de la famille régnante. Le sentiment monarchique des Mexicains ainsi éconduit et bafoué par les rois de l'Europe ne s'en maintenait pas moins; il cherchait au hasard l'objet de son culte. C'est ainsi que, tant qu'il a vécu, le jeune fils d'Iturbide, le prince Félix, né pendant le règne éphémère de son père, et réfugié à Philadelphie après la catastrophe où périt le ci-devant empereur (1), a eu des partisans fidèles.

VII.

Sous le nom de la république, le Mexique n'a eu qu'une anarchie déplorable, avec tout ce qui en forme le triste accompagnement : l'absence de sécurité pour les propriétés et pour les personnes, les engagemens de l'état violés, l'industrie languissante ou anéantie, les routes régulièrement exploitées par des brigands, le moral de la nation affaissé, ses connaissances obscurcies et les rares établissemens d'instruction publique désorganisés, une corruption hideuse dans l'administration et dans la justice. Le nombre des personnes qui tour à tour ont occupé la présidence et se sont renversées l'une l'autre est presque indéfini, surtout dans les six dernières années; e doute et le désespoir dévorent l'âme des bons citoyens.

Au milieu de cette confusion, il y a pourtant une figure qui domine tout le reste, celle du général Santa-Anna. M. Lucas Alaman a sur ce personnage une page qui est bonne à reproduire. « Une fois Iturbide renversé, dit-il, l'histoire du Mexique pourrait s'appeler l'histoire des révolutions du général Santa-Anna : tantôt les organisant pour son propre compte, tantôt y prenant part après que d'autres les avaient commencées, travaillant aujourd'hui à l'agrandissement d'autrui et demain au sien propre, élevant une faction pour l'abaisser et l'opprimer ensuite en soutenant la faction opposée, entretenant ainsi un jeu de bascule entre les partis, il est le moteur des événemens politiques, et le sort de la patrie s'enlace avec le sien propre à travers toutes les alternatives qui quelquefois l'ont porté à la possession du pouvoir le plus absolu pour le précipiter bientôt dans la captivité ou dans l'exil. Néanmoins, au milieu de cette agitation perpétuelle dans laquelle il a incessamment maintenu la république, parmi ces démentis qu'il se donne et par lesquels on l'a vu adopter sans hésiter, lorsque son intérêt l'y portait, des idées entièrement contraires à celles qu'il préférait dans son for intérieur, au milieu des maux immenses qu'il a attirés sur le pays pour parvenir au pouvoir suprême, dont il se servait comme d'un moyen d'amasser des richesses, on l'a vu en 1829, lors de la tentative des Espagnols pour rétablir leur domination et dès leur débarquement à Tampico, se précipiter sur eux sans

(1) Iturbide, réfugié en Angleterre, conçut le malheureux projet de reprendre la couronne. Il arriva à peu près seul, le 14 juillet 1824, à Soto-la-Marina. Fait prisonnier par le général Garza, il fut fusillé par ordre des autorités de l'état de Tamaulipas, conformément à un acte du congrès de Mexico qui l'avait mis hors la loi.

attendre les ordres du gouvernement et les obliger à mettre bas les armes, en 1835 affronter au Texas les colons américains insurgés et porter l'étendard mexicain jusqu'à la frontière des États-Unis, être au moment de rendre au Mexique son autorité sur cette partie du territoire national, et ne succomber que par l'effet d'un hasard de la guerre qui l'a livré à un ennemi déjà vaincu, auquel il ne restait plus qu'un coin de terre dans les provinces qu'il avait voulu usurper. Quand les Français s'emparent du château de Saint-Jean-d'Ulloa et pénètrent dans la ville de la Vera-Cruz en 1838, Santa-Anna leur tient tête, et dans l'action qui s'engage il est mutilé. Enfin dans la plus injuste des guerres que peut citer l'histoire, guerre dont le mobile était l'ambition, non d'un monarque absolu, mais d'une république qui prétend être à la tête de la civilisation du XIXe siècle, quand l'armée des États-Unis a envahi les provinces du nord, Santa-Anna combat avec honneur à la Angostura. Avec une incroyable célérité il transporte dans les défilés de l'état de la Vera-Cruz l'armée avec laquelle il avait combattu dans celui de Cohahuila. Battu sur ce point, il lève une autre armée pour défendre la capitale avec un plan aussi mal exécuté qu'il avait été bien conçu, et mérite l'éloge, que le sénat romain dans des circonstances semblables avait décerné au premier plébéien qui eût obtenu les faisceaux consulaires, de n'avoir pas désespéré du salut de la république. L'étranger envahisseur le considère avec le général Paredès comme l'unique obstacle à une paix qui doit ravir au Mexique la moitié de son territoire, et fait tous ses efforts pour s'emparer de sa personne. Mélange de bonnes et de mauvaises qualités, on trouve en lui un grand talent naturel sans culture littéraire ou morale, un esprit entreprenant sans fixité dans les desseins, l'énergie et le sens du gouvernement avec d'énormes lacunes. Habile à tracer le plan général d'une campagne comme d'une révolution, il est malheureux dans la direction d'une bataille : il n'en a gagné qu'une seule. Il a formé des élèves et a réuni de nombreux lieutenans quand il s'est agi de combler de maux la patrie; il n'a pas su en avoir quand il a fallu résister au canon français à la Vera-Cruz ou à la cavalerie américaine dans l'enceinte de Mexico. »

Jusqu'en 1833, le jeu de Santa-Anna fut de contribuer plus que personne à faire et à défaire les présidens sans prétendre pour lui-même à la magistrature suprême. En 1833 seulement, il prit la dignité pour son compte. Il l'a occupée jusqu'en 1856, mais seulement par intervalles, car il a été forcé de s'en retirer souvent : une première fois en 1836, quand il tomba prisonnier au pouvoir des Américains du Nord, après la bataille de San-Jacinto au Texas, la seconde fois en janvier 1845, la troisième en septembre 1847, après l'invasion du pays par les États-Unis, et enfin en août 1856. Quand il rentra au pouvoir en 1853, il semblait que ce fût pour toujours. Le suffrage universel lui avait conféré la dictature à vie avec le titre d'altesse sérénissime; mais le mal organique du pays est si profond, qu'après trois ans sa dictature, qu'on eût dit l'unique refuge d'une nation aux abois et avide de repos, s'est écroulée sur elle-même, et depuis ce moment on peut dire que le Mexique reste totalement privé de gouvernement. C'est à peine s'il y reste une société.

En se retirant de la dictature, Santa-Anna a emporté la conviction que les institutions du pays réclamaient un changement radical dans le sens monarchique, et on assure que dans son exil, volontaire au surplus, il n'a pas cessé d'exprimer cette opinion. Cette conversion de Santa-Anna aux idées monarchiques pourrait être considérée comme le dépit d'un chef de gouvernement renversé, sans une circonstance dont l'exactitude nous est attestée par des preuves qui nous semblent irrécusables. Dès 1853, quand il fut investi de la dictature, Santa-Anna, reconnaissant que la forme républicaine était impraticable dans sa patrie, avait commencé des démarches dont l'objet était d'obtenir de quelqu'une des maisons régnantes de l'Europe un prince qui consentît à venir à Mexico porter la couronne, et des principaux cabinets leur acquiescement et leur appui, moral au moins, pour cette combinaison.

Auparavant le vœu de la monarchie s'était fait jour avec un certain éclat, malgré l'intolérance des partis opposés. Un des citoyens les plus distingués du Mexique, M. Gutierrez de Estrada, qui avait occupé dans son pays de grandes positions politiques, successivement ministre, sénateur et chargé de représenter son pays en Angleterre, fit paraître en 1840 à Mexico un écrit courageux qui fit une grande sensation (1). L'auteur fut poursuivi et obligé de s'exiler; mais sa publication avait fourni aux partisans de la monarchie l'occasion de se compter, et elle leur avait donné du cœur. Quelques années après, le parti monarchique arriva aux affaires en janvier 1845, sous la présidence d'un des siens, le général Herrera, puis sous celle d'un chef plus énergique et plus éclairé, le général Paredès. Celui-ci publia un manifeste qui ne laissait aucun doute sur ses intentions. Tout en reconnaissant qu'il appartenait à une assemblée constituante de déterminer le mode de gouvernement qui convenait au pays, il indiquait clairement que seule la monarchie pouvait le tirer du désordre et l'arracher à la ruine. Mais, pour fonder une monarchie, il fallait un monarque. En l'absence d'un prince qui s'offrît franchement et qui fût accepté de la nation, les succès mêmes du parti monarchique ne pouvaient être que des aventures.

(1) *Lettre au président de la république sur la nécessité de réunir une convention pour chercher le remède soluble aux maux qui affligent la république.*

La forme de la constitution politique du pays a été d'abord fédéraliste; elle fut adoptée après le renversement d'Iturbide. On crut alors devoir prendre modèle sur les États-Unis, chez lesquels le système fédéraliste était tout spontanément sorti du sein même de la situation. Isolées les unes des autres avant l'indépendance, ayant non-seulement leurs gouvernemens distincts, mais aussi leurs chartes individuelles, et façonnées de longue main à s'administrer elles-mêmes, les treize ci-devant colonies de l'Angleterre sur le continent américain, lorsqu'elles se séparèrent de leur métropole, continuèrent ce mode d'existence en organisant entre elles les rapports strictement nécessaires par le moyen d'un simple congrès semblable à ces conférences où des puissances indépendantes se font représenter par des ambassadeurs. Plus tard, en 1787, elles ont modifié ce régime en y substituant deux assemblées délibérantes à la réunion desquelles on a conservé le nom de congrès, et en établissant un président muni de pouvoirs effectifs. Toutefois le principe de la souveraineté individuelle des états a été maintenu religieusement. Un pareil plan n'avait aucune racine dans le passé du Mexique. Les provinces diverses de la Nouvelle-Espagne n'avaient jamais eu le gouvernement d'elles-mêmes, et le pouvoir y était centralisé, condensé, absorbé tout entier entre les mains des représentans de la royauté espagnole à Mexico, sauf ce que s'en était réservé la royauté elle-même à Madrid. Le système fédéral fut aboli sous la première présidence du général Santa-Anna, en 1835, et remplacé par le système unitaire; mais le mouvement des partis et le débordement des passions locales et des ambitions personnelles le firent reparaître en 1846. Il succomba de nouveau sous le poids du malaise public en 1853. On l'a relevé en 1856, après la retraite de Santa-Anna. Depuis lors le pays est l'image du chaos. Il Il y a là une nation, un état, une société à refaire, de la base au sommet.

Qu'on me permette de transcrire ici des notes de voyages prises dans le port de la Vera-Cruz lorsque je visitai le pays; c'était quatorze ans après que l'indépendance avait été consommée. C'est un tableau qui donne une idée affaiblie de ce qu'est le Mexique aujourd'hui. « Ce port, si animé du temps des Espagnols, n'est plus qu'une solitude. Cinq ou six bâtimens, français, anglais ou américains, las d'y attendre les piastres qui ne descendent pas de Mexico, se disposent à aller charger du bois de teinture à Campêche. Entremêlés à ces navires, quelques goëlettes servant au cabotage et quelques bateaux pêcheurs complètent la représentation du commerce de la Vera-Cruz. Le *Robert Wilson* pourrit à l'écart; la douane mexicaine, vigilante une fois, l'a confisqué à bon droit, pour avoir apporté des caisses d'une monnaie de billon, la quartille, sur laquelle il y avait à gagner 400 pour 100, bénéfice que se réserve le gouvernement mexicain. Le vaisseau à trois ponts l'*Asia*, que son capitaine espagnol livra aux insurgés pendant la guerre de l'indépendance, est submergé aux trois quarts. On n'en aperçoit plus que les bastingages à demi démolis. Il forme un récif de plus au milieu des brisans dont le port est cerné. La frégate le *Guerrero*, transformée en un ponton de galériens, se balance lentement entre les débris de l'*Asia* et le château de Saint-Jean-d'Ulloa, bâti sur un îlot, qui sert de citadelle à la place. C'est un événement que de voir sur la tour du château les signaux qui annoncent un navire. Dès que se fait entendre la cloche que l'on sonne alors, tout le monde accourt pour jouir de ce rare spectacle. La population a disparu de la ville presque autant que les navires du port. La Vera-Cruz, sous le régime colonial, avait seize mille habitans, sans compter la garnison et les gens de passage; il n'y en a plus que quatre ou cinq mille. L'aspect de la ville est lugubre et désolé. La fameuse citadelle de Saint-Jean-d'Ulloa, que l'Espagne construisit à grands frais au milieu des bas-fonds du port, et qui a bravé les violentes tempêtes que le vent de nord-ouest entraîne avec lui, ne tient pas contre l'insouciance des Mexicains indépendans, et se délabre de jour en jour. De temps en temps, quelques soldats apparaissent, mal vêtus et mal armés, dans les embrasures, et attestent que l'état militaire du pays n'est pas moins que le reste en décadence. Le môle qui du rivage s'avance dans le port, pour faciliter le débarquement des voyageurs et des marchandises, n'est plus entretenu; chaque hiver, la mer furieuse en détache des pans de maçonnerie que l'on ne remplace pas. Les clochers de la ville sont écornés par les boulets et les bombes. La fièvre jaune est la seule chose qui ne baisse pas à la Vera-Cruz. »

Que l'on compare le Mexique avec un autre état de l'Amérique qui, lui aussi, a voulu le gouvernement monarchique, mais qui, plus heureux que le peuple méxicain, a pu satisfaire son vœu. Le Brésil, il y a un demi-siècle, était moins peuplé que le Mexique. Il était plus en arrière dans les arts utiles. Il n'est pas plus privilégié sous le rapport du climat, il l'est même moins, car il n'offre pas à cet égard cette succession si profitable quand elle est par échelons rapprochés, comme sur le territoire mexicain, dont nous signalerons les principaux effets dans la suite de cette étude. Dans ses ressources minérales, le Brésil ne présente rien qui puisse être mis en parallèle avec ces filons argentifères d'où le mineur mexicain a tiré tant de millions, qui cependant ne donnent qu'une faible idée de ce qu'on en extraira un jour. Au commencement du siècle, le Brésil avait et il conserve, dans l'institution de l'esclavage et dans la multitude de ses noirs, des causes de retardement. Aujourd'hui le Brésil est peuplé plus que le Mexique; il est bien plus prospère, il compte davantage dans l'aréopage des nations. On le cite comme un des états qui avancent, et le Mexique n'est plus mentionné que comme un de ceux sur lesquels un destin inexorable semble avoir appesanti sa main. L'expérience est si complétement faite aujourd'hui, aux yeux des Mexicains eux-mêmes, de l'impuissance pour le bonheur et la prospérité de leur pays des institutions politiques qu'ils ont essayées, n'en pouvant adopter d'autres, que le moment semble venu où ils iraient au-devant de la monarchie, s'ils étaient rassurés sur la capacité et le caractère du prince qui se présenterait à leurs suffrages.

Le bilan de la république au Mexique est tout entier dans un simple fait, plus éloquent que tous les exposés qu'on pourrait faire des maux dont est affligé ce pays infortuné. Quand fut établie l'indépendance, le territoire de la république comprenait, d'après un relevé dressé par M. Lucas Alaman, 216,012 lieues carrées (1); aujourd'hui il n'est plus que de 106,067. La perte est de 109,945 lieues carrées, plus de la moitié, que les Américans du Nord se sont appropriées, et dont au surplus ils tirent parti dans l'intérêt général de la civilisation infiniment mieux que les Mexicains ne l'eussent su faire : présage du sort qui attend tout le reste, à moins d'une entière réorganisation du pays.

En septembre 1846 le Mexique a subi ce cruel affront qu'une armée étrangère campât dans sa capitale et que le drapeau étoilé des États-Unis flottât en maître sur le palais de son gouvernement. Il y reviendra flotter, ce drapeau, mais cette fois à demeure, si le Mexique ne se régénère par le moyen d'arrangemens politiques tout à fait différens de ceux qu'il subit depuis quarante ans.

L'entreprise de donner un gouvernement régulier et stable au Mexique et, par un gouvernement bien assis, éclairé, libéral, d'y favoriser le développement d'une société avancée, et d'y préparer pour les temps à venir un grand état comptant dans la balance du monde, est faite pour plaire à des cœurs généreux et pour gagner la sympathie d'hommes d'état soucieux des intérêts les plus élevés de la politique française. C'est ce que j'essaierai de démontrer dans une autre partie de ce travail.

MICHEL CHEVALIER.

(1) La lieue dont il s'agit ici est celle du Mexique, de 5,000 vares, ou 4,179 mètres. La lieue carrée fait 1,747 hectares, de sorte qu'il reste encore au Mexique 185 millions d'hectares, soit près de quatre fois la superficie de la France.

II.

DES RESSOURCES ET DE L'AVENIR DU PAYS. — DES MOTIFS ET DES CHANCES DE L'EXPÉDITION.

Le Mexique est aujourd'hui parmi les peuples civilisés ce qu'on appelle une non-valeur. Excepté par la production des mines d'argent, qui fournissent à l'orfévrerie une matière première qu'autrement elle paierait plus cher, c'est une nation inutile au reste du genre humain; mais cet effacement complet n'a de raison d'être que dans des circonstances passagères. Il serait dans la nature des choses que le Mexique jouât un rôle sur la scène du monde; il suffirait que les habitans en eussent la volonté et qu'ils fussent organisés de manière à faire valoir les dons que leur a confiés la Providence. C'est ce que je vais essayer d'établir par un examen rapide des avantages qui lui ont été départis : je signalerai ainsi son climat, en nommant les principales cultures qui s'y sont adaptées, sa richesse minérale et sa situation géographique (1).

I. — LE CLIMAT DU MEXIQUE ET LES CULTURES QU'IL COMPORTE.

La majeure partie du territoire qui reste au Mexique depuis qu'il a été tant diminué par les conquêtes des Américains du Nord est comprise dans cette région distribuée également à la droite et à la

(1) Voyez sur *les Révolutions mexicaines* la *Revue* du 1er avril.

gauche de la ligne de l'équateur, limitée au nord et au midi par les tropiques, à laquelle jadis on avait donné le nom de zone torride, parce qu'on supposait que par l'ardeur de sa température elle était à peu près inhabitable pour l'homme. Cette zone en effet, lorsque les terres y sont peu élevées au-dessus du niveau de l'Océan, présente, à côté d'une végétation luxuriante, une telle chaleur que l'homme de la race blanche n'y résiste pas à un labeur pénible, et que pour y vivre il est dans l'obligation de s'enfermer dans l'inaction, de se tenir abrité presque constamment entre d'épaisses murailles et de faire exécuter tout travail de force, particulièrement le labeur qui se doit accomplir à la face du soleil, par une race mieux constituée pour en affronter les rayons dévorans. Encore dans les îles le voisinage de la mer tempère de diverses façons l'influence brûlante du roi des astres. Lorsqu'au contraire la superficie des terres se présente sur la vaste dimension des continens, la chaleur sévit dans la plénitude de sa redoutable puissance, à moins d'une configuration particulière que la Providence s'est plu à accorder au territoire mexicain dans une mesure qui semblerait indiquer une prédilection : je veux dire à moins d'une grande *altitude* (1). Plus son altitude est prononcée, plus la température moyenne d'un pays s'atténue, comme s'il s'éloignait de l'équateur pour se rapprocher du pôle, à ce point que, si l'altitude devenait extrêmement considérable, on rencontrerait sous la ligne même les glaces éternelles et une température moyenne pareille à celle de l'Islande ou du Groënland.

La grande masse du territoire mexicain, au lieu de ne présenter qu'un petit relief par rapport au niveau de la mer, comme les rives du Niger ou du Sénégal en Afrique, ou comme celles de l'Amazone dans l'Amérique du Sud, constitue un plateau fort exhaussé, que sur chacun de ses flancs un plan incliné à pente rapide rattache au rivage de l'Océan, ici l'Atlantique, là le Pacifique. Ce n'est pas le moindre privilége du plateau mexicain de se tenir dans les hauteurs qui sont le plus favorables pour que la race européenne y prospère, s'y entoure des cultures qu'elle aime et des industries où elle excelle, et y vive dans les conditions les meilleures pour sa santé et pour l'exercice de ses facultés en tout genre. C'est pour cela que, même avant l'arrivée des Espagnols, ce beau plateau, alors appelé du nom d'Anahuac, qu'ont essayé de restituer au territoire national les Mexicains indépendans, était le siége d'une civilisation remarquable, sous l'autorité du prince et de l'aristocratie militaire et re-

(1) C'est le mot par lequel s'indique l'élévation du sol au-dessus du niveau de la mer, idéalement prolongée sur toute l'étendue du globe terrestre.

ligieuse des Aztèques. Le plateau mexicain est l'épanouissement de la Cordillère centrale de la chaîne des Andes. Cette Cordillère, qui sert pour ainsi dire d'épine dorsale au nouveau continent sur la prodigieuse longueur de 14,000 kilomètres, presque en ligne droite, se présente diversement dans les diverses régions. Après avoir atteint sa plus grande hauteur et sa masse la plus épaisse dans l'Amérique méridionale, elle constitue entre les deux Amériques la surprenante chaussée de 2,300 kilomètres de long qu'on désigne sous l'appellation assez modeste de l'isthme de Panama, non sans y offrir plusieurs dépressions fortement accusées, qui semblent inviter l'industrie humaine à ménager la jonction des deux océans. Une fois au Mexique, la grande Cordillère s'étale de manière à occuper la majeure partie de l'espace entre les deux mers, quoique cet espace aille sans cesse en s'étendant à mesure qu'on s'avance vers le nord. De là une région suspendue au-dessus de l'Océan à une hauteur qui est, au midi des villes de la Puebla et de Mexico, dans la Mixteca, de 1,500 mètres, — c'est-à-dire la même que celle du Ballon d'Alsace, la cime culminante des Vosges, — à la Puebla de 2,196 mètres (1) et à Mexico de 2,274. Au nord de Mexico, la belle ville de Guanaxuato, célèbre par les mines d'argent qu'on exploite dans son voisinage, est à l'altitude de 2,084 mètres, c'est-à-dire sensiblement en contre-bas de la capitale; au-delà de Guanaxuato, le terrain se relève de nouveau.

De la surface du plateau s'élancent quelques montagnes dont plusieurs dressent leur sommet jusque dans la région inhospitalière des neiges éternelles. Telles les deux au pied desquelles sont bâties, du côté du midi, la belle ville de la Puebla, du côté du nord la capitale, Mexico, et qui ont conservé leurs noms aztèques, l'Istaccihuatl (la femme blanche) et le Popocatepetl (montagne fumante) (2); elles montent jusqu'à 4,786 et 5,400 mètres. Tel, à une petite distance de Mexico, le Nevado de Toluca : il s'élève à 4,621 mètres; mais, quelque colossales qu'elles soient, ces saillies du terrain ne sont que des accidens sur la grande étendue du plateau. Elles sont même resserrées sur une zone fort étroite. Les six grandes montagnes du Mexique, à savoir les trois qui viennent d'être nommées et trois autres qui n'attirent pas moins les regards, le pic d'Orizaba, le Coffre de Perote et le volcan de Colima, sont rassemblées sur une même ligne parallèle à l'équateur, entre le cercle de 19 degrés de latitude et celui de 19 degrés 1/4. A part la bande étroite que marquent ces majestueuses cimes, le plateau mexicain se prolonge au loin vers

(1) Les altitudes données ici pour la Puebla, Mexico et Guanaxuato sont celles du sol de la *Plaza Mayor*.

(2) C'est un volcan qui brûle encore.

le nord avec des ondulations qui n'en changent notablement l'altitude que sur de longues distances. D'immenses plaines, qui paraissent autant de bassins desséchés d'anciens lacs, se suivent les unes les autres; elles ne sont séparées que par des collines qui ont à peine 200 ou 250 mètres au-dessus de la surface aplanie du fond. On chemine ainsi indéfiniment à la hauteur des passages du Mont-Cenis ou du Saint-Gothard ou du Grand-Saint-Bernard dans les Alpes; mais, transportées près de l'équateur, ces fortes altitudes, au lieu d'être ce qu'elles sont dans les Alpes, âpres et rigoureuses à l'homme, lui deviennent propices au contraire. Le plateau mexicain conserve sa grande élévation dans la direction du nord jusqu'au-delà du cercle du tropique. Il avait commencé par la latitude de 18 degrés; l'extrémité est par celle de 40 degrés : total de son développement, 22 degrés, qui, à raison de 111 kilomètres l'un, font 2,440 kilomètres. C'est une distance égale à celle qu'il faudrait parcourir pour aller de Lyon au cercle du même tropique, en traversant toute la Méditerranée et le grand désert africain. On voit que c'est une constitution géographique établie sur les plus vastes proportions.

Sur les deux flancs de ce long plateau, le plan incliné qui descend jusqu'au rivage de l'un ou de l'autre Océan offre, à mesure que l'on se rapproche du niveau de la mer, des températures de plus en plus élevées. La pente, étant rapide, détermine par cela même une variation très accélérée dans le climat et dans tous les phénomènes qui dépendent de la chaleur, particulièrement dans la végétation. Le voyageur qui descend le plan incliné ou qui le gravit assiste à des contrastes pittoresques et même merveilleux; il passe en revue presque toutes les cultures, et contemple, presque l'une à côté de l'autre, les productions qui ailleurs se répartissent sur des distances sans fin. S'il part du plateau par exemple, il commence par traverser soit des forêts de pins qui lui rappellent celles de l'Europe, soit des champs d'oliviers, de vigne, de blé ou de maïs encore plus semblables aux nôtres, entrecoupés cependant d'espaces couverts de grands cactus, végétation d'aspect mélancolique que le territoire le plus aride ne rebute pas, et de beaux aloès tantôt sauvages et tantôt cultivés. En continuant sa marche, il arrive successivement à l'oranger, que les Espagnols ont multiplié prodigieusement, et dont on trouve, même à Mexico, le fruit exposé en véritables montagnes sur le marché; au coton, qui y est indigène, et dont, avant les Espagnols, les Indiens tissaient leurs vêtemens et faisaient même des cuirasses résistant à la flèche; au nopal ou cactus, sur lequel s'élève l'insecte de la cochenille, production qui date aussi des Aztèques; à la soie, dont il y a des qualités particulières au pays, produites par un insecte différent de notre ver à soie; à la banane, au café, à la canne à sucre, à l'indigo, qui sont des cultures importées, mais toutes réussissant admirablement; à la liane sur laquelle on récolte la vanille et au cacaoyer, tous deux essentiellement d'origine mexicaine, car le chocolat est un mets mexicain que Montézuma fit servir à Cortez, et le nom même de chocolat vient de la langue aztèque; enfin à toute cette variété de fruits à forte saveur et de plantes embaumées qui réclament un soleil ardent, et dont la présence est considérée justement comme le signe d'une grande richesse agricole déjà tout acquise ou aisée à acquérir.

Sous le rapport du climat et des cultures, le Mexique offre trois grandes divisions que les Espagnols avaient depuis longtemps désignées par des noms caractéristiques, et qui pourraient se sous-diviser elles-mêmes presque à l'infini soit en raison des altitudes successives, soit par l'effet de plusieurs circonstances, notamment la diversité des expositions. La première de ces trois zones, appelée la *Terre-Chaude* (*Tierra Caliente*), part du littoral, et s'étend jusqu'à une certaine hauteur sur le plan incliné par lequel on monte au plateau. La nature végétale y est d'une puissance exubérante, par l'excès même de la température et par la présence des eaux courantes qui s'y montrent plus qu'ailleurs. Cette zone a une végétation particulièrement active sur le versant oriental du Mexique, parce que les vents dominans, les vents alizés, arrivent de ce côté chargés de l'humidité qu'ils ont recueillie dans leur longue course sur la surface de l'Océan. Elle se distingue par les cultures connues sous le nom de tropicales. Malheureusement sur plusieurs points, surtout dans le voisinage des ports que baigne l'Océan-Atlantique, elle est désolée par la fièvre jaune, dont le foyer pestilentiel est dans des marécages que l'industrie humaine réussira quelque jour à dessécher, quand elle voudra y appliquer les puissans moyens dont elle dispose aujourd'hui. Au-dessus, à mi-hauteur sur le plan incliné, s'étend la zone appelée la *Terre-Tempérée* (*Tierra Templada*), qui présente une température moyenne annuelle de 18 à 20 degrés, et où le thermomètre n'éprouve que très peu de variations d'une époque à l'autre de l'année, de sorte qu'on y jouit d'un printemps perpétuel. C'est une région délicieuse, dont le type le plus parfait s'offre aux environs de la ville de Xalapa, et qu'on retrouve avec ses charmes autour de la ville de Chilpancingo, où s'était réuni le premier congrès dans la guerre de l'indépendance. Elle possède une végétation à peu près aussi active et aussi vigoureuse que le littoral, sans en avoir l'atmosphère embrasée et les miasmes empestés. Elle est exempte de ces myriades d'insectes déplaisans ou venimeux qui pullulent dans la région basse de la

Terre-Chaude et y font le tourment de l'homme. On y respire l'atmosphère pure du plateau sans en subir les passagères fraîcheurs et l'air vif dangereux aux poitrines délicates. Quand l'eau y abonde, comme à Xalapa et dans quelques autres districts où les glaciers éternels de quelques montagnes, telles que le pic d'Orizaba et le Coffre de Perote, se chargent d'en fournir aux sources toute l'année, la zone tempérée est un paradis terrestre.

Par-dessus la zone tempérée se déploie la *Terre-Froide* (*Tierra Fria*), ainsi nommée en raison de l'analogie que des colons venus de l'Andalousie durent lui trouver sur une partie de son développement avec le climat assez cru des Castilles; mais les Français, les Anglais et les Allemands transportés au Mexique dans la Terre-Froide s'y jugent à peu près partout en un climat fort doux. La température moyenne de Mexico et d'une bonne portion du plateau est de 17 degrés; c'est seulement un peu moins que celle de Naples et de la Sicile, et c'est celle des trois mois de l'été à Paris. D'une saison à l'autre, les variations, comme partout entre les tropiques, y sont bien moindres que dans les parties les plus tempérées et les plus belles de l'Europe. Pendant la saison qu'on n'y saurait appeler l'hiver que par une extension excessive des termes du dictionnaire, la chaleur moyenne du jour à Mexico est encore de 13 à 14 degrés, et en été le thermomètre à l'ombre ne dépasse pas 26 degrés.

A la faveur d'une pareille constitution physique, les cultures les plus variées peuvent être et sont en effet réunies je ne dirai pas seulement dans les diverses provinces d'un même pays, mais dans les environs d'une même ville. Quatre bassins, échelonnés à des altitudes fort inégales, environnent la capitale du Mexique. Le premier, qui comprend la vallée de Toluca, a 2,600 mètres d'élévation au-dessus de la mer; le second, ou la vallée de Tenochtitlan (Mexico), 2,274 mètres; le troisième, ou la vallée d'Actopan, 1,966 mètres, et le quatrième, la vallée d'Istla, 981 mètres de hauteur. Ces quatre bassins diffèrent autant par le climat et les productions du sol que par leur élévation au-dessus du niveau de l'Océan. Le quatrième, qui est le moins élevé, est propre à la culture de la canne à sucre, le troisième à celle du coton, le second à la culture du blé d'Europe, et le premier, celui de Toluca, se distingue par des plantations d'agave ou aloès mexicain, qui étaient les vignobles des Indiens Aztèques, et qui fournissent la boisson fermentée dont s'abreuvent encore la plupart des Mexicains. Si donc le Mexique avait ce qu'il est bien loin de posséder aujourd'hui, mais ce qu'il aura nécessairement un jour, en fait de communications intérieures, quelque chose de semblable à ce qu'on rencontre dans les moindres états de la fédération américaine du nord, il suffirait d'un petit nombre d'heures pour voir défiler sous ses yeux toutes les cultures comme les climats les plus divers. Sur une distance comme celle de Paris à Orléans et même de moitié, on passerait du blé à la canne à sucre, du peuplier et du frêne au palmier, à des cyprès gigantesques (1), à cette multitude d'arbres à feuillage toujours vert qui sont propres aux pays les plus chauds de la terre. Supposez au Mexique un seul chemin de fer, un chemin qui sera construit dès que l'ordre y renaîtra, celui de la Vera-Cruz à Acapulco par Mexico, en un trajet de deux heures, en se dirigeant de Mexico sur Acapulco, d'une végétation assez analogue à celle des environs de Paris on sera arrivé aux plantes qui frappent les regards dans l'île de Cuba ou à Saint-Domingue, car de Mexico à Cuernavaca, où les sucreries prospèrent, il n'y a guère plus loin que de Paris à Fontainebleau. Indépendamment des phénomènes que déterminent çà et là des expositions exceptionnellement favorables, l'extrême variété du tableau que le règne végétal déploie sous les yeux du voyageur est accrue encore par l'élasticité qu'acquiert au Mexique le tempérament des plantes, de celles même qui, comme la canne à sucre, sont supposées très délicates. Cette riche culture, qui est assez développée au Mexique, et qui pourrait l'être bien davantage, s'y rencontre par des altitudes très différentes. Elle commence dans la plaine même du littoral, et elle continue avec toute sa fécondité jusqu'à la hauteur de 1,000 mètres; elle réussit même dans les vallées qu'une exposition favorable abrite contre les vents du nord, à 1,500 mètres et plus haut encore. C'est ainsi que dans le Michoacan on trouve des sucreries florissantes aux environs de Valladolid, par une altitude d'au-delà 1,800 mètres, et les plantations de sucre de Rio-Verde, situées au nord de Guanaxuato, sont à plus de 2,000 mètres; mais le vallon qu'elles occupent est étroit et creux, les montagnes, dressées comme des murailles à pic, y réverbèrent les rayons du soleil à ce point que la chaleur y est insupportable. Enfin il est prouvé par le testament de Fernand Cortez que de son temps il y avait des sucreries dans la vallée même de Mexico. Rien que par cet article, l'agriculture mexicaine, bien dirigée et bien desservie, aurait un brillant avenir.

Il n'existe probablement pas sur la terre entière un autre pays dont la configuration soit aussi particulière et aussi avantageuse. En Europe, les terrains élevés qui se présentent sous la forme de grandes plaines sont à peu près constamment entre 400 et 800 mètres d'altitude. Le plateau des Castilles est à 700 mètres environ. En France, le plateau des départemens du centre, d'où surgissent

(1) De l'espèce *cupressus disticha*.

le Mont-Dore, le Puy-de-Dôme et le Cantal, a la même élévation à peu près. Le plateau de la Bavière est à 500 mètres. Les plateaux des Castilles ou du centre de la France, et à plus forte raison celui de la Bavière, n'ont pas ce qu'a le plateau mexicain, la mer presque immédiatement à leur pied, que dis-je, la mer? les deux grands océans. Et puis ce n'est pas en Europe qu'en descendant des plateaux vers la mer l'on peut rencontrer cette succession admirable de tous les climats et de toutes les merveilles du règne végétal. Dans l'Amérique méridionale, le vaste territoire de l'ancienne république de Colombie, aujourd'hui fractionnée en trois, dont le contour du côté de la mer se présente sous la forme générale d'un grand demi-cercle sur lequel vient se souder l'isthme de Panama, offre, comme le Mexique, ce caractère d'un territoire compris entre les tropiques et descendant par gradins d'une grande altitude jusqu'à la mer, qui là aussi est l'un et l'autre Océan; mais l'élévation des plaines y est plus grande que sur la majeure partie du plateau mexicain, et elle y est trop grande. La ville de Santa-Fé-de-Bogota est assise sur un plateau à 2,625 mètres de hauteur. Caxamarca, l'ancienne résidence des Incas, qu'ont rendue célèbre les trésors attribués à Atahuallpa et la catastrophe de ce prince, est à 2,860 mètres. Les grandes plaines d'Antisana sont plus exhaussées encore : elles se tiennent à 4,100 mètres, dépassant ainsi de 389 mètres la cime du pic de Ténériffe. Portée à la hauteur de Santa-Fé seulement, l'altitude devient un désavantage, elle détermine un abaissement marqué de la température; paralysant ainsi la puissance de la végétation, elle empêche l'établissement d'une agriculture qui soit bien féconde, et par là même elle devient un obstacle à la marche ascendante de la richesse publique et privée et au progrès de la civilisation. Sur le plateau mexicain, on observe que, passé 2,500 ou 2,600 mètres, le sol cesse de recevoir pendant l'été la quantité de chaleur qui est nécessaire pour amener à maturité beaucoup de productions que l'homme civilisé recherche pour sa subsistance ou pour son agrément. La température moyenne de l'année reste encore supérieure à celle des pays de l'Europe où l'agriculture et le jardinage sont le plus florissans; mais en fait de calorique la température moyenne n'est pas la seule circonstance qui fait la réussite ou l'insuccès des cultures et fixe le système agricole qui convient à une contrée. Il faut aussi tenir en grande considération la température estivale, car c'est celle qui provoque le développement de la floraison, celle qui mûrit les moissons et les fruits, celle par conséquent qui fait la fortune du cultivateur. Lorsqu'on a dépassé une certaine altitude, un pays situé dans la zone comprise entre les deux tropiques a, par rapport à la production de la plupart des plantes les plus utiles, une infériorité marquée relativement aux régions plus éloignées de l'équateur qui auraient la même température moyenne annuelle. Entre les tropiques, sur le plateau de Bogota ou sur celui d'Anahuac, l'hiver est plus doux qu'en Europe ou que dans les contrées dites à climat tempéré de l'Amérique, de Boston ou de Chicago à la Nouvelle-Orléans; mais aussi, à une certaine altitude, les rayons du soleil de l'été n'y sont plus de force à donner le coup de feu qu'exigent au moment décisif tant de graines et de fruits précieux pour l'alimentation de l'homme et pour les arts de la civilisation.

Entre le plateau mexicain et les contrées élevées de l'Amérique méridionale, il y a cette autre différence à l'avantage de celui-là, que les plaines de l'hémisphère austral sont plutôt des vallées longitudinales enfermées entre deux branches de la Cordillère, tandis qu'au Mexique c'est la croupe même de la chaîne qui forme le plateau : d'où suit que dans le sens de la largeur, c'est-à-dire perpendiculairement à l'équateur, les plaines de l'Amérique du Sud sont bornées en étendue. Elles le sont dans l'autre sens par une autre cause : le pays est déchiré par des crevasses transversales dont la profondeur va jusqu'à 1,400 mètres, et qui opposent aux communications des obstacles presque insurmontables. Ainsi l'Amérique du Sud, au lieu d'un immense plateau comme celui du Mexique, présente un échiquier de petits plateaux séparés par des précipices. Selon M. Alexandre de Humboldt, ils n'auraient en moyenne que quarante lieues carrées (75,000 hectares), c'est-à-dire la moitié de l'étendue moyenne d'un arrondissement en France. Ils forment comme des îlots isolés au milieu de l'océan aérien. L'existence de ces fentes profondes qui sillonnent le continent dans les régions élevées de l'Amérique méridionale empêche les marchandises de se déplacer, et interdit aux hommes de voyager autrement qu'à cheval ou à pied ou sur le dos d'Indiens pour lesquels ce labeur de bête de somme est une profession. Dans le Mexique au contraire, quoiqu'on y ait fort peu fait pour les routes, les voitures roulent sur un sol nivelé à grands traits par la nature, depuis Mexico jusqu'à la ville de Santa-Fé, dans le Nouveau-Mexique, sur une longueur de plus de 2,200 kilomètres.

Une autre supériorité du Mexique sur une partie des autres régions équinoxiales de l'Amérique, c'est le petit nombre de ses volcans et l'absence de ces violens tremblemens de terre qui ailleurs viennent de temps en temps dévaster les villes. Dans toute l'étendue du Mexique, on ne comptait, il y a cent ans environ, que quatre volcans encore en feu : le pic d'Orizaba, qui n'a pas fait d'éruption notable depuis trois cents ans, le Popocatepetl, qui constamment jette un peu de fumée sans dévaster ses alentours, la montagne de Tustla et le volcan de Colima, qui ne paraissent pas avoir jamais causé de désastres. En septembre 1759, un phénomène sans exemple fit sortir de terre, au milieu des circonstances les plus effrayantes, un volcan nouveau, celui de Jorullo, aujourd'hui encore enflammé, autour duquel apparurent en même temps une infinité de petits cônes qui n'ont pas cessé de fumer (1). Aucune des cités du Mexique n'a éprouvé de ces tremblemens de terre qui ont désolé et quelquefois renversé Guatemala, Lima, Caracas et d'autres centres de population de l'Amérique centrale ou de l'Amérique du Sud. Sous quelques-unes d'entre elles, assez fréquemment le sol remue, Mexico même est dans ce cas; mais ce sont des tremblemens si faibles qu'ils n'inquiètent pas les habitans. Ils n'empêchent pas de bâtir des maisons à plusieurs étages; ils obligent seulement de donner aux murs une solide assiette et de s'abstenir de l'architecture élancée. Le bel édifice de la Mineria de Mexico, qu'on avait cherché à rendre élégant en y introduisant des colonnes légères, a bientôt menacé ruine. Les encoignures des maisons de Mexico ne sont pas toujours parfaitement d'aplomb, et une petite inclinaison par rapport à la verticale dans les arêtes des édifices frappe quelquefois le regard au croisement des rues; mais c'est à ces perturbations que s'arrêtent les effets des agitations du sol. On ne saurait s'en tirer à meilleur marché.

Le côté faible du Mexique, ce sont les cours d'eau. Il en est fort mal pourvu. Ceux qu'on y voit sont des torrens qui, pendant la belle saison, répondant, de même que dans les Antilles, à notre hiver, sont presque tous à sec. Le Rio-Bravo-del-Norte, autrefois en plein dans le pays, est à la frontière depuis que les États-Unis se sont emparés du Texas. Au midi, le Guasacoalco, fleuve navigable, dont l'embouchure pourrait devenir un bon port, n'est pas davantage à la portée des provinces populeuses. Il paraît certain néanmoins que dans les temps primitifs, je veux dire à l'époque de la conquête, ses bords étaient couverts d'habitans. Le Santiago ou Tololotlan, qui débouche dans l'Océan-Pacifique, près du port de San-Blas, rencontre des villes et baigne de grands espaces cultivés; mais il est presque une exception solitaire dans la région peuplée, au moins par l'étendue de son cours. Heureusement, pendant la saison des pluies, qui dure quatre mois de notre été, chaque jour la terre mexicaine est abondamment arrosée dans l'après-midi, et alors

(1) Dans la province de Valladolid, à côté de belles plantations de sucre et de coton, auprès de nombreux villages peuplés d'Indiens. On aura une idée des proportions que prit l'éruption et des caractères qu'elle présenta par ce simple détail, que les toits de la ville de Queretaro, éloignée de plus de 200 kilomètres, furent couverts de cendres.

s'emplissent non-seulement les réservoirs naturels qui alimentent les sources, mais aussi les bassins disposés par la prévoyance des hommes pour assurer des approvisionnemens à l'agriculture. Sur le plateau, les ruisseaux et même les sources sont assez rares. C'est le même phénomène qui se rencontre dans un certain nombre de pays calcaires. La cause en est dans la constitution du terrain : il n'est point calcaire comme certains plateaux du midi de la France, désignés communément sous le nom de *causses*, et où se montrent fort peu de sources; mais il est de même fissuré. Les eaux pluviales, absorbées par le sol, descendent par les fissures de manière à aller former les cours d'eau petits ou moyens qui sourdent sur la pente des deux plans inclinés conduisant à la mer. En somme, le Mexique est un pays sec, assez souvent aride. Quelques lacs cependant y sont épars. Le plus grand est celui de Chapala, dont la surface est de plus de 300,000 hectares. C'est le double du lac de Constance, dont l'étendue est déjà peu commune. Il est situé dans la partie peuplée du plateau, non loin de l'importante ville de Guadalaxara. Il faut signaler aussi les lacs qui forment un réseau à côté de la ville de Mexico: ils sont au nombre de cinq et portent les noms de Tezcuco, Xochimilco, Chalco, San-Cristoval et Zumpango : ils occupent ensemble une superficie de 44,000 hectares. On en compte neuf autres au nord de la ville de Zacatecas et cinq autour de la ville de Chihuahua. Malheureusement l'eau de la plupart de ces lacs contient une proportion très sensible de carbonate de soude, à ce point qu'on a pu y établir l'exploitation de ce sel; mais cet avantage manufacturier est acheté par un grave inconvénient : l'eau des lacs est impropre à l'irrigation, qui partout est une si précieuse ressource pour la culture.

Le même sel dont nous venons de parler imprègne une partie du sol du Mexique. Il monte à la surface, attiré qu'il est par la sécheresse de l'atmosphère. Il apparaît en efflorescences très visibles à cause de leur couleur blanche. On le remarque par exemple dans la vallée de Mexico, au bord des lacs de Tezcuco, de Zumpango et de San-Cristoval, et dans une partie des plaines qui entourent la ville de la Puebla. La présence de ce sel est certainement un obstacle à la culture. Nulle part ce phénomène n'est plus prononcé qu'en Californie orientale, dans la vallée comprise entre la Sierra-Nevada et les Montagnes-Rocheuses. C'est un espace fort vaste, où récemment on a signalé et commencé d'exploiter de riches mines d'argent, parmi lesquelles celles de Washoë ont eu dès le premier moment une célébrité probablement excessive en comparaison de ce qu'elles valent. La salure y est très marquée, au point d'y rendre la végétation presque impossible; mais cette contrée a cessé de faire partie du Mexique : elle est incorporée dans l'Union de l'Amérique du Nord. Dans l'état actuel du Mexique, il n'y a pas lieu de beaucoup se préoccuper de cette salure du sol, quoiqu'elle en condamne une partie à une dénudation dont le regard est affligé ; il reste bien d'autres terres, et d'excellentes, pour exercer l'industrie du cultivateur.

II. — DE LA RICHESSE MINÉRALE.

Si la surface du Mexique est riche, si elle ouvre à l'agriculture une carrière bien plus variée que celle qui s'offre à elle partout ailleurs, à peu près ce que, dans le langage juridique, on nomme le tréfonds, en d'autres termes les entrailles de la terre ne laissent pas que de recéler aussi des trésors. Les mines d'argent y abondent, et on en retire aussi un peu d'or. Depuis 1848, le Mexique a été dépassé dans la production des métaux précieux par deux contrées. La Californie, qui est un démembrement du Mexique même, s'est mise à rendre en or une somme supérieure à l'extraction combinée de l'or et de l'argent dans la république mexicaine, et depuis peu on a commencé à y exploiter des mines d'argent qui promettent. L'Australie ne produit encore, en fait de métaux précieux, que de l'or ; mais, de même que la Californie, elle en donne pour une somme qui excède la production de l'argent dans le Mexique et même dans l'Amérique entière, je pourrais dire dans les cinq parties du monde. Cependant jusqu'à 1848 le Mexique était le premier pays de la terre pour les métaux précieux. Ce qu'il rendait des deux réunis surpassait en valeur le produit de tout le reste du nouveau continent. Si le Mexique s'est ainsi laissé surpasser, ce n'est pas la faute de la nature, mais bien celle des hommes. On retrouve ici la funeste influence de la mauvaise organisation qui a arrêté les progrès du pays en tout genre.

Les filons d'argent du Mexique n'eurent pas immédiatement après la conquête la célébrité de ceux du Pérou. C'est au Pérou que, peu d'années après que les Pizarre et Almagro y eurent introduit la domination espagnole, fut découverte une mine d'argent prodigieusement riche, et dont le nom est employé encore pour désigner une richesse sans limites, celle du mont Potosi. Il en est sorti depuis lors près de 7 milliards (1). Sous Montézuma et ses prédécesseurs,

(1) On l'exploite encore aujourd'hui, mais les minerais d'une extrême richesse qu'elle fournissait autrefois sont remplacés par d'autres d'une extrême pauvreté.

les Aztèques exploitaient quelques mines d'argent, mais ils n'étaient point assez habiles en métallurgie pour s'adresser à d'autres que celles qui renfermaient le métal à l'état natif. Or de telles mines se présentent assez rarement. Dans la plupart des minerais qui s'exploitent avec avantage, l'aspect de l'argent est entièrement voilé par son association intime avec le soufre, l'antimoine, l'arsenic, si bien que l'œil d'une personne qui n'est pas versée dans la science n'y reconnaît pas le métal, et, ce qui est plus grave, il n'est pas aisé, il est difficile de dégager le précieux métal de ces combinaisons. On sait qu'au contraire, dans les mines d'or, le métal est à l'état natif, et, disons-le en passant, cette différence explique pourquoi les Espagnols trouvèrent chez les peuples d'Amérique plus d'or que d'argent. Même dans l'empire aztèque, qui était plus avancé que tout le reste, la production de l'argent était très bornée.

Au commencement du XVIIIe siècle, les mines du Mexique ne donnaient encore, en or et en argent, que 27 millions de nos francs d'aujourd'hui, presque tout en argent. Cinquante ans après, elles étaient montées à 65. A la fin du XVIIIe siècle et au commencement du XIXe, c'était moyennement de 125 à 130 millions, dont les neuf dixièmes en argent, le reste en or, qui s'extrayaient principalement des lingots d'argent. C'est à peine si aujourd'hui le Mexique est revenu à ce niveau qu'il avait perdu pendant les guerres de l'indépendance. Il n'en reste pas moins le principal producteur d'argent dans le monde entier. Si on laisse la Californie à part, on trouve qu'il produit à peu près les trois cinquièmes du rendement de l'Amérique entière pour les deux métaux réunis; par rapport à l'argent seul, sa quote-part est un peu plus forte.

Le nombre des filons argentifères que présente le Mexique est à peu près illimité. Au nord de Mexico, et particulièrement dans la partie occidentale du pays, ces filons se multiplient. Quand on approche du golfe de Californie, toute la pente de la Cordillère est composée de roches dans la masse desquelles un peu d'argent est disséminé, et qui sont traversées par des bancs de cette autre roche dure, ordinairement d'un blanc laiteux, que les minéralogistes appellent le quartz; à cause de leur dureté, ils ont résisté le plus souvent à l'action prolongée de l'air et des intempéries : c'est pourquoi ils font saillie au-dessus de la surface. Ce sont les filons argentifères, et ils contiennent l'argent de la manière suivante : ils sont parsemés de sulfures métalliques, et dans le nombre de ces sulfures se trouve celui d'argent, accompagné d'autres combinaisons dont fait aussi partie le métal précieux. C'est à ces filons que s'attaquent les mineurs, en choisissant les endroits où ils présument qu'ils sont riches. Ce qui distingue les filons argentifères du Mexique, et au surplus ceux de là plupart des autres contréés de l'Amérique, c'est la grandeur de leur dimension beaucoup plus que la forte proportion du métal. Le filon de la *Biscaïna*, qu'on exploite à Real-del-Monte, a plusieurs mètres d'épaisseur. Le filon nommé la *Veta-Madre*, à Guanaxuato, est ordinairement épais de 8 mètres; quelquefois il l'est de 50, et on l'a exploité sur une longueur de 12 kilomètres. Plusieurs autres filons connus ont 5, 7, 10 mètres, et par places le double. Au Pérou, selon le témoignage d'un savant naturaliste allemand, M. de Tschudi, on trouve des filons plus puissans encore que celui de Guanaxuato lui-même, là où il l'est le plus. C'est ainsi qu'à Pasco on connaît et on exploite depuis longtemps deux filons, l'un de 114, l'autre de 123 mètres d'épaisseur. En général, et sauf des exceptions qui ne laissent pas de se répéter, le minerai qu'on extrait de ces filons n'a pas, même après qu'on a rejeté les matières stériles, une teneur utile de plus de deux à trois millièmes, c'est-à-dire qu'on extrait seulement 2 ou 3 kilogrammes d'argent de 1,000 kilogrammes de minerai soumis au traitement; mais l'immense quantité de minerai que fournissent ces puissans filons permet d'arriver, même avec une aussi faible teneur utile, à un rendement considérable et assez fréquemment à de beaux bénéfices.

Ce qui distingue les mines du Mexique de celles du Pérou et de la plupart des autres contrées d'Amérique qui possèdent des filons d'argent, c'est le caractère des sites où on les rencontre. La plupart des mines mexicaines sont dans des contrées fertiles et riantes où la vie est facile et peut être rendue agréable à peu de frais. Il est rare qu'elles soient situées à plus de 2,000 ou 2,200 mètres au-dessus du niveau des mers. Les célèbres mines de Valenciana et de Rayas près de Guanaxuato, qui au commencement du siècle rendaient plus que n'a jamais donné la montagne du Potosi, sont dans un climat charmant, à portée d'un pays fertile qui produit en abondance tout ce qu'il faut pour bien nourrir les mineurs et pour la subsistance des mules que l'exploitation emploie en très grand nombre. Les mines du Pérou au contraire sont dans des régions glacées, à peu de distance des neiges éternelles. C'est ainsi que les mines de Pasco se trouvent à plus de 4,000 mètres d'altitude dans les hautes montagnes où l'Amazone prend sa source. La mine de Gualgayoc est à 4,080 mètres. La célèbre mine du Potosi a été exploitée jusqu'à la hauteur du sommet du Mont-Blanc. La montagne du Potosi, des flancs de laquelle on a tiré tant de trésors, a une élévation de 4,865 mètres au-dessus de la mer, et 945 au-dessus de sa propre base, ce qui fait que la moindre altitude où l'on puisse l'exploiter est encore à 3,920 mètres. Le pays qui entoure le pic est aride, affreux, et, ce qui aggrave la situation des mineurs, inaccessible, faute de chemins, qui seraient très dispendieux à établir. Cette seule circonstance de se trouver dans un climat favorisé assure aux mines du Mexique de grandes facilités d'exploitation, et par conséquent un grand développement. Toutes choses égales d'ailleurs, la main-d'œuvre est moins chère lorsque les vivres sont meilleur marché, et lorsque les ouvriers sont attirés par les agrémens du climat.

Ce fut un mineur mexicain, Barthélemy Médina, à la mémoire duquel aucun monument n'a été consacré, qui imagina au XVIe siècle, en 1557, la méthode suivant laquelle l'exploitation de la presque totalité du minerai se fait encore. C'est la méthode dite par amalgamation à froid, qui repose sur l'emploi du mercure et de quelques ingrédiens beaucoup moins chers, tels que le sel et une substance appelée dans le pays le *magistral* (1). Elle permet d'extraire le métal des minerais pauvres sans avoir à les fondre, par conséquent sans combustible, circonstance bien heureuse dans un pays où les bois n'étaient déjà pas communs à l'époque de la conquête, et où les Espagnols les ont détruits comme dans tous les pays à peu près où ils se sont établis. Elle présente en outre l'avantage de se prêter à une exploitation fort en grand; mais si elle ne dévore pas de combustible, elle consomme du mercure. On calcule que, pour produire 1 kilogramme d'argent, on sacrifie 1 kilogramme 1/2 de cet autre métal. On voit par là que l'abondance et le bas prix du mercure sont les conditions d'une grande production d'argent, d'une grande activité dans les mines. C'est ce qui explique les réclamations incessantes que les mineurs mexicains autrefois adressaient à la cour d'Espagne, pour qu'elle leur vendît à un prix modéré le mercure dont elle avait le monopole : la majeure partie du mercure livré au marché général et tout celui qui allait à Mexico provenaient de la mine d'Almaden, qui appartenait à la couronne d'Espagne (2). Il avait été fait droit à ces réclamations. A partir de 1777, le mineur mexicain payait à Mexico le mercure sur le pied de 5 francs le kilogramme seulement. Après l'indépendance, le gouvernement espagnol ayant mis en ferme la mine d'Almaden, le fermier en a exagéré le prix, et jusqu'à ces derniers temps, le mercure revenait au mineur mexicain de 15 francs 50 à 17 francs 50 le kilogramme,

(1) C'est un minéral composé de sulfure de fer et de sulfure de cuivre, qu'on a préalablement calciné.

(2) Au commencement du siècle, les mines d'argent du Nouveau-Monde absorbaient annuellement 1,350,000 kilogrammes de mercure. Celles du Mexique à elles seules en consommaient 750,000. Les mines d'Europe, dont la principale de beaucoup était celle d'Almaden, en rendaient 1,750,000 kilogrammes, dont 1,150,000 allaient en Amérique. La mine de Huanca Velica, au Pérou, en fournissait une certaine quantité aux mines péruviennes.

selon l'éloignement de la mine. Cette nécessité absolue d'avoir du mercure pour retirer l'argent du minerai rend compte aussi des sollicitations des exploitans près des vice-rois qui en étaient dépositaires, et qui souvent ne craignaient pas de s'en faire payer cher la répartition.

Dans les circonstances où était placée l'industrie des mines d'argent, ce fut pour elle un grand bienfait que la découverte faite en Californie, il y a quinze ou vingt ans, de mines nouvelles de mercure d'une richesse supérieure. Les Américains du Nord, une fois les maîtres du pays, en ont fait la reconnaissance et organisé l'exploitation avec cette incomparable activité qui les caractérise. Ils y ont été aidés par la situation des mines dans un des plus jolis et des plus fertiles vallons de toute la Californie, à proximité de la capitale, San-Francisco. Les mines de la Nouvelle-Almaden, c'est le nom qu'on a donné à ces exploitations, sont aujourd'hui en pleine activité; elles rendent déjà autant de métal que toutes celles de l'Europe ensemble, elles le produisent dans d'excellentes conditions, et on peut croire qu'il n'y aura d'autre limite à leur extraction que celle de la grandeur même des besoins des mines d'argent. Il résulte d'un excellent mémoire de M. Laur, ingénieur des mines, sur les richesses métallurgiques de la Californie, qu'on s'attend à voir bientôt le mercure offert à l'exportation, à San-Francisco, au prix de 3 francs à 3 francs 20 le kilogramme. Il ne faudrait pas davantage pour donner à l'exploitation des mines d'argent du Mexique, et du Nouveau-Monde en général, une impulsion extraordinaire. Si le Mexique adoptait enfin une organisation politique qui y rétablît l'ordre et la sécurité, si des voies de communication, des routes et quelques chemins de fer s'y construisaient de manière à réduire les frais de transport qui y sont exorbitans, si la législation des mines y recevait quelques améliorations que les hommes compétens ont signalées, la production de l'argent y acquerrait bientôt les plus grandes proportions.

Au commencement du siècle, M. de Humboldt écrivait ces lignes : « En général, l'abondance de l'argent est telle dans la chaîne des Andes, qu'en réfléchissant sur le nombre des gîtes de minerais qui sont restés intacts, ou qui n'ont été que superficiellement exploités, on serait tenté de croire que les Européens ont à peine commencé à jouir de cet inépuisable fonds de richesses que renferme le Nouveau-Monde... » — « L'Europe serait inondée de métaux précieux, si l'on attaquait à la fois, avec tous les moyens qu'offre le perfectionnement de l'art du mineur, les gîtes de minerais de Bolanos, de Batopilas, de Sombrerete, du Rosario, de Pachuca, de Moran, de Zultepec, de Chihuahua, et tant d'autres qui ont joui d'une ancienne et juste célébrité. » Un autre observateur fort éclairé, venu quarante ans plus tard, M. Duport, disait : « Les gisemens travaillés depuis trois siècles ne sont rien auprès de ceux qui restent à explorer... » — « Le temps viendra, un siècle plus tôt, un siècle plus tard, où la production de l'argent n'aura d'autres limites que celles qui lui seront imposées par la baisse toujours croissante de la valeur. » Le moment paraît proche où ces prédictions doivent s'accomplir, soit parce que le Mexique se sera reconstitué lui-même, soit, s'il s'y refuse ou s'il y échoue, par la conquête qu'en feraient les Américains du Nord.

III. — SITUATION GÉOGRAPHIQUE.

Aux dons précieux de cette riche variété dans son climat, qui apparaît sur des parties contiguës du territoire, et de ces mines mêmes d'argent qui sont sans pareilles au monde, le Mexique en joint un autre qui peut aussi devenir une source de prospérité et de grandeur. J'ai déjà rappelé qu'il est à cheval sur les deux vastes océans. Par son rivage oriental, il est vis-à-vis de l'Europe, et son rivage occidental est baigné par le Grand-Océan, justement nommé en ces parages, pour la majeure partie de l'année du moins, le Pacifique. Par ce dernier océan, il peut entretenir des relations faciles avec les grands et populeux empires de l'Asie, l'Inde, la Chine et le Japon, et avec les colonies prospères que, depuis un demi-siècle ou moins encore, le génie entreprenant de la race européenne a formées dans les archipels dont est semée l'immensité du Grand-Océan, ou sur les rivages naguère inhabités qu'il baigne. L'Australie et la Californie sont les deux plus éclatans produits de cette activité intelligente de la race de Japhet, et on peut prévoir la création prochaine de nouveaux établissemens parmi ces îles innombrables. N'a-t-on pas vu depuis quelques années les Marquises, les îles de la Société, la Nouvelle-Zélande, la Nouvelle-Calédonie, s'ajouter au domaine de la civilisation occidentale? Parmi les anciennes colonies de l'Europe dans ces parages, la plupart ont grandi en puissance de production; Java en offre le plus bel exemple. Les Philippines, qui à elles seules pourraient constituer un état puissant, semblent sortir de leur immobilité séculaire. Ainsi une vie nouvelle, soufflée par le génie de l'Europe, pénètre de toutes parts dans le Grand-Océan. Un pays aussi bien situé que l'est le Mexique par rapport à ce bassin prodigieusement étendu semble appelé à en retirer de grands avantages.

Le temps n'est plus où un philosophe éminent comme M. de Humboldt, d'ordinaire si clairvoyant dans ses prévisions, pouvait écrire qu'il fallait considérer comme presque nulle l'influence que l'Asie exercerait jamais sur le nouveau continent et réciproquement, parce que, dans un sens au moins, la « constance des vents alizés et le grand courant de rotation, qui est constant entre les tropiques, » rendraient ces relations éternellement difficiles. Depuis que M. de Humboldt s'exprimait ainsi, le navire à vapeur est apparu, il a successivement reçu des perfectionnemens qui en ont fait un appareil merveilleux de rapidité, d'exactitude et de sécurité, et grâce à cette invention, ce qui semblait impossible est devenu d'une facilité extrême.

Pour se faire une idée de l'énergie avec laquelle aujourd'hui le courant de la civilisation européenne se précipite vers le champ que lui offraient depuis quelques siècles l'Océan-Pacifique et les terres qui le bordent, on n'a qu'à se rendre compte de ce qu'était à l'origine du XIXe siècle le commerce de l'Europe ou des États-Unis avec l'Inde, avec la Chine et avec les colonies environnantes, et à en comparer les proportions avec celles qu'il a acquises de nos jours. Alors la compagnie anglaise des Indes accaparait les échanges entre l'Europe, l'Inde et la Chine, et ces échanges étaient bien médiocres. Les États-Unis y prenaient part au moyen d'un petit nombre de navires. Le Japon était fermé, Java languissait, Singapore n'existait pas. En Australie, quelques milliers de condamnés se façonnaient lentement et péniblement aux pratiques d'une vie honnête en cultivant le sol. On n'y avait pas encore découvert le système d'exploitation territoriale qui a fait de cette colonie le principal centre de la production de la laine pour l'industrie européenne, encore moins les mines de cuivre et surtout les mines d'or, qui aujourd'hui présentent des ressources inépuisables au mineur. La Californie alors n'était peuplée que d'une poignée de missionnaires apprenant tant bien que mal les rudimens du christianisme à quelques peuplades d'Indiens. On ne soupçonnait pas qu'elle recélât les mines d'or dont la présence, subitement révélée par le hasard au génie audacieux et infatigable des Américains du Nord, y a, de toutes les parties de la terre, attiré des colons intrépides, et converti les vallées désertes du Sacramento et du San-Joaquin en un des foyers les plus intéressans de la civilisation.

Mais ce n'est pas seulement l'appât du plus précieux des métaux, le désir si vif chez la plupart des peuples d'en arracher des parcelles aux alluvions ou au fond des entrailles de la terre, qui aujourd'hui attire la race européenne dans les parages du Grand-Océan. A ces mobiles se joint ce sentiment que le globe terrestre est le patrimoine des fils de Japhet, cette pensée dont sont saisis les grands gouvernemens de l'Europe, qu'il leur appartient de s'immiscer dans les affaires des peuples de la civilisation orientale et de renverser les barrières dont ils s'obstinaient à entourer leur routine et leur vanité. Le canon de l'Europe a forcé les portes du plus populeux empire de la terre, la Chine, qui renferme un nombre d'hommes double de ce qu'en présente l'Europe entière (1), de Cadix et de Lisbonne à Christiania, et de Dublin à Saint-Pétersbourg. Les drapeaux de la France et de l'Angleterre ont flotté sur les murs de Pékin, et cette dernière campagne a laissé sur les imaginations chinoises de tels souvenirs qu'on peut croire que l'empereur *fils du ciel* ne renouvellera plus ses tentatives d'isolement (2). C'est pour ne plus se relever que la muraille de la Chine est renversée. Le Japon, intimidé par le retentissement des campagnes de l'Angleterre et de la France en Chine, a de lui-même abaissé ses barrières, dès que l'invitation lui en a été adressée. Il y avait déjà des années que l'Inde et les royaumes limitrophes, jusques et y compris la vallée de l'Indus et l'empire des cinq vallées, ou Penjab, avaient été conquis par les armes anglaises. Ainsi la civilisation occidentale, soit qu'elle réside au Mexique ou dans l'Union américaine, soit qu'elle ait son siége dans les états dont Londres, Paris, Berlin et Saint-Pétersbourg sont les capitales, voit devant elle en Asie des espaces infinis, désormais ouverts, qui appellent son commerce et ses hommes entreprenans.

Le cours des événemens semble être guidé par une force supérieure de manière à multiplier les échanges, et par les échanges les contacts personnels entre l'Europe, ou, pour mieux dire, la civili-

(1) La population de l'Europe tout entière, en y comprenant la Turquie dite d'Europe, s'élève à 270 millions; voyez la *Géographie* de Malte-Brun, édition Cortambert, tome VI, page 352. Le recensement de 1852 a constaté en Chine une population de 537 millions; voyez l'article *Pé-king*, par M. Natalis Rondot, dans le *Dictionnaire du Commerce* de M. Guillaumin.

(2) Je ne voudrais pas que le lecteur supposât qu'en parlant de la profonde impression qu'ont reçue les imaginations chinoises pendant la dernière campagne, j'attribue un effet salutaire à l'acte de vandalisme qui a consisté à incendier de propos délibéré les palais enfermés dans le parc impérial de Yuen-mien-yuen. Le sentiment de l'Europe a condamné cette violence calculée. Une déplorable circonstance a encore aggravé cet acte barbare, c'est le pillage qui a accompagné l'incendie. Celui des deux gouvernemens dont le plénipotentiaire a insisté pour l'accomplissement de l'incendie s'est donné le tort de s'abstenir d'en faire l'objet d'un blâme public. Plus les états européens affectent de prétentions envers les autres parties du monde, plus ils doivent être attentifs à se conduire honorablement envers elles. Dominer l'Asie par la force des armes, si l'on n'y joint l'observation des droits de l'humanité, serait se placer sur la même ligne qu'Attila et Gengis-Khan.

sation occidentale et les diverses branches de la civilisation asiatique. Ainsi la production de la matière première d'une des plus belles industries de l'Occident, celle des soieries, a été tout d'un coup profondément atteinte en Europe par un accident inoui dans les fastes de l'agriculture, la maladie du ver à soie, contre laquelle jusqu'à ce jour tous les efforts ont échoué. Dès lors les manufactures de l'Europe, pour se procurer ce que nos magnaneries avaient cessé de leur fournir en suffisante quantité, ont dû s'adresser à la Chine, où la soie abonde. De là une importation énorme en Europe des soies de l'empire chinois. Autre exemple : récemment, la guerre civile ayant éclaté dans la confédération de l'Amérique du Nord, le coton, dont l'Union était le principal fournisseur, a cessé d'arriver sur les marchés de l'Europe. De là une émotion très vive que les gouvernemens eux-mêmes ont partagée, car lorsque la plus vaste des industries manufacturières, celle qui occupe la plus grande masse d'ouvriers, celle dont la production représente la plus forte somme d'argent, court le danger d'être paralysée, l'affaire est politique au premier chef. On a frappé à toutes les portes pour obtenir des approvisionnemens de l'indispensable textile. Il a été constaté qu'à cet égard l'Asie offrait déjà ou devait bientôt offrir aux ateliers de nos contrées des ressources inespérées, qui deviendraient presque indéfinies, moyennant l'entreprise de divers travaux publics, lignes ferrées et ouvrages d'irrigation. Les cotons de l'Asie, surtout ceux de l'Inde anglaise, sont entrés ainsi subitement dans la consommation des fabriques européennes, et même de celles des états du nord de l'Union américaine. Les travaux publics qui doivent en faciliter le commerce ou en multiplier et en perfectionner la production dans l'Inde sont déjà en cours d'exécution. Ces exportations nouvelles et imprévues des soies et des cotons de l'Asie appellent naturellement une contre-partie : on voit et on verra de plus en plus se développer l'importation en Asie non-seulement des marchandises des états qui lui empruntent ses matières premières, mais même des autres parties de la civilisation occidentale. Ce sont autant de liens qui s'établissent entre l'Asie et les pays où la civilisation occidentale est fixée.

Les relations entre le bassin du Grand-Océan et les régions occupées dans les deux hémisphères par cette puissante civilisation à laquelle nous appartenons sont en voie de s'agrandir par un autre côté, qui n'est pas le moins important et le moins curieux. Le manque de bras s'est fait sentir dans la plupart des colonies à sucre, à la suite de l'émancipation des noirs, parce que, dans la majeure partie de ces possessions, beaucoup d'esclaves émancipés avaient profité de leur liberté pour abandonner le travail des sucreries.

Dans leur extrême embarras, les colons ont remarqué que l'Asie si populeuse offrait à des prix modiques une main-d'œuvre surabondante. On a d'abord puisé dans l'Inde, qui, sans la moindre gêne, a pu fournir, sous le nom de *coulis*, les travailleurs nécessaires pour remplacer les noirs. De l'Inde, on est passé bientôt à la Chine, qui présente en cela des ressources bien plus considérables, car la population de la Chine est triple de celle de l'Inde tout entière (1). L'Asie se présente donc maintenant comme un inépuisable marché de main-d'œuvre, et, il faut le dire à l'honneur de notre temps, de travail libre, car l'Asiatique hindou ou chinois qui émigre à destination des colonies le fait en vertu d'un marché librement débattu, limité à un nombre d'années qui n'a rien d'excessif, et la condition où il vit aux colonies n'a rien de commun avec celle de l'esclave. Une fois ce mouvement commencé à l'instigation des entrepreneurs d'émigration, les Chinois, qui sont les plus industrieux des Asiatiques, l'ont spontanément continué. Ils sont venus d'eux-mêmes chercher du travail dans certaines contrées où l'absence des bras leur avait été signalée. Ils sont accourus en Californie, où ils sont au nombre de 40,000, presque tous adonnés au lavage des alluvions aurifères, et en Australie, où l'industrie de l'or a exercé sur eux la même puissance d'attraction; ils y donnent l'exemple de l'amour du travail, de l'économie et de l'obéissance aux lois. Si les gouvernemens et les populations des pays que dessert le Grand-Océan leur faisaient un accueil bienveillant, ce qui, disons-le avec regret, n'a pas été le cas en Californie ni en Australie, il n'y aurait pas de limite aux multitudes qui quitteraient la Chine pour venir ainsi se mêler au courant de la civilisation occidentale dans tous ces parages. Aucun pays n'en pourrait profiter plus que le Mexique, s'il le voulait.

Enfin, au Mexique, par un autre privilége, les deux océans se trouvent fort rapprochés l'un de l'autre. La largeur du continent à Tehuantepec, au midi de la Vera-Cruz, est réduite à 220 kilomètres. Si l'on veut passer par Mexico après avoir débarqué à Vera-Cruz, pour se diriger sur Acapulco, qui est au pied de l'autre versant, le trajet (toujours à vol d'oiseau) n'est encore que de 550 kilomètres, à peu près la distance de Paris à Bordeaux. Plus au nord, par Durango, l'intervalle devient de 1,000 kilomètres. Enfin, parmi les directions nombreuses par lesquelles on a projeté de traverser la chaussée, longue, avons-nous dit, de 2,300 kilomètres, qu'on appelle l'isthme de Panama, le passage par Tehuan-

(1) D'après la *Géographie* de Malte-Brun, édition Cortambert (tome III, page 487), les pays de l'Inde possédés par l'Angleterre ou soumis à son patronage ont une population totale de 174 millions, celle de la Chine étant de 537 millions.

tepec est le plus septentrional de tous, le plus à portée de l'Europe et des États-Unis. Pour les Américains du Nord, c'est celui qui abrégerait le plus le voyage de la Californie et celui des Grandes-Indes. Rien ne serait plus aisé que de faire passer par là un chemin de fer, et il n'est pas interdit d'y espérer quelque jour un canal maritime, car le plateau de Tarifa, qui servirait de point de partage, n'est qu'à 200 mètres d'élévation au-dessus de l'Océan. On sait que c'est à peu près la hauteur du bief de partage du canal des Deux-Mers, creusé par l'illustre Riquet à travers le Languedoc (1). Le plus grand obstacle à ce canal serait la difficulté de trouver un port offrant un mouillage suffisant à l'extrémité de chacun des versans, et principalement sur le versant occidental, vers Tehuantepec; mais le problème de créer un port de toutes pièces n'est pas absolument insoluble. Dans un pays où la science et les capitaux abonderaient, on peut en espérer la solution, pour peu que la nature s'y prête.

IV. — LA POPULATION.

La population actuelle du Mexique est d'environ huit millions d'âmes, dont plus de la moitié d'Indiens de race pure. Sur le reste, la majorité est formée des *castes* de sang-mêlé qui sont principalement issues de blancs et d'Indiens. Les noirs et les métis résultant de leur croisement avec les blancs ou avec les Indiens forment d'autres catégories distinctes, mais tous ensemble ils ne composent qu'une fraction insignifiante de la population totale. Au commencement du siècle, les noirs purs n'excédaient pas dix mille, ce qui donne une idée de ce que peuvent être les sang-mêlé de noir et de blanc, ou de noir et d'Indien. Cette faible proportion de l'élément africain et de ses dérivés constitue un avantage véritable pour le Mexique. Et d'abord elle a rendu très facile l'émancipation des noirs. C'est même un fait à mentionner à l'honneur des Mexicains que l'émancipation s'y était accomplie par la volonté spontanée des propriétaires d'esclaves avant que le pays ne s'appartînt encore, avant même que le mouvement de l'indépendance ne fût commencé (2). En proclamant l'abolition de l'esclavage,

(1) L'élévation du bief de partage du canal des Deux-Mers au-dessus de la Méditerranée est de 189 mètres.

(2) Voici ce qu'on lit à ce sujet dans M. Ward : « Les plantations de Cuernavaca (à quinze lieues de Mexico) furent d'abord exploitées par des esclaves achetés à la Vera-Cruz au prix de 3 ou 400 piastres (de 1,600 francs à 2,140 francs) chacun. La diffi-

les constitutions que s'est données le Mexique indépendant ont simplement reconnu un fait déjà consommé. En second lieu, de l'absence presque complète des nègres résulte une certaine supériorité de l'intelligence moyenne du peuple mexicain par rapport à ce que représentent quelques autres parties de l'Amérique espagnole. Je ne voudrais pas discréditer les descendans de Cham, et il n'entre pas dans ma pensée qu'à l'avenir rien puisse justifier l'esclavage de cette race infortunée. Au surplus, de l'infériorité intellectuelle du noir on n'est pas autorisé à conclure à la légitimité d'une institution sociale qui fait de cette variété de l'espèce humaine un troupeau de bétail. Ceci bien expliqué, je ne crains pas de dire que, pour le Mexique, il est heureux d'être presque uniquement peuplé de blancs et d'Indiens et de leurs croisemens, à l'exclusion du sang africain. L'Indien a spontanément le goût du travail plus que le noir, et par les facultés de l'esprit il l'emporte manifestement sur lui. Si l'on met en parallèle la civilisation à laquelle étaient parvenus les Aztèques dans un nombre restreint de siècles (1) avec la grossière barbarie des royaumes nègres les plus remarquables qu'il y ait eu en Afrique, on sera frappé de la supériorité des premiers. Cortez trouva chez eux non-seulement un grand nombre d'arts utiles, mais un certain développement des beaux-arts, avec des lois régulièrement pratiquées et un grand nombre de villes populeuses dont l'existence même supposait un certain avancement de la sociabilité et un système administratif déjà perfectionné. Ce qui est plus significatif encore, les Aztèques possédaient une littérature dont quelques débris sont venus jusqu'à nous et offrent un véritable intérêt. Ils avaient quelques notions des sciences, et par exemple ils savaient la longueur de l'année mieux que les Européens eux-mêmes à cette époque, ce qui a excité l'étonnement et l'admiration de l'illustre

culté de se procurer des esclaves en cas de guerre maritime, le nombre de ceux que l'on perdait durant le trajet et par le changement de climat, firent naître chez plusieurs grands propriétaires l'idée de propager une race de travailleurs libres en affranchissant annuellement un certain nombre d'esclaves et en les encourageant à se marier parmi la population indigène, ce à quoi les esclaves se prêtèrent volontiers. Ce plan fut trouvé si économique, qu'en 1808 il n'y avait plus un seul esclave dans la plupart des grandes plantations. La sagesse de cette mesure devint encore plus évidente en 1810. Aussitôt que la révolution éclata, ceux des planteurs qui n'avaient pas adopté le système d'émancipation graduée furent tout d'un coup délaissés par leurs esclaves, et dans plusieurs cas forcés de fermer leurs établissemens, tandis que ceux qui s'étaient pourvus à temps d'une classe mêlée de travailleurs libres continuèrent à avoir en toute circonstance à leur disposition un nombre de bras suffisant pour continuer leur exploitation, quoique sur une moindre échelle. » — Ward, *le Mexique en 1827*, p. 67.

(1) Les Aztèques n'étaient venus au Mexique qu'à la fin du XIIe siècle de l'ère chrétienne, et la fondation de Mexico n'est que du XIVe. Si l'on veut embrasser l'espace de temps occupé par les Toultèques, il faudrait remonter jusqu'au VIIe siècle.

Laplace (1). Quant au moral, ils déployèrent dans la défense de leur pays contre les Espagnols des qualités héroïques (2) dont on peut lire les preuves multipliées dans le bel ouvrage de M. Prescott (3), ou encore dans quelques-uns des volumes de l'intéressante collection de documens américains de M. Ternaux-Compans, notamment dans celui qui contient le récit de la conquête écrit par le petit-fils d'un noble indien qui y avait été acteur, le prince Ixtlilxochitl (4). Les Indiens du Mexique offrent la ressource qu'on attend des nègres, et qui, après avoir été la cause de leur asservissement par les Européens au XVIe siècle, est mise en avant encore quand on veut motiver la perpétuité de leur servitude : c'est leur aptitude à cultiver la terre dans les pays très chauds, tels que ceux où sont établies les colonies à sucre. Plusieurs des variétés de l'Indien mexi-

(1) Leur méthode d'intercalation pour tenir compte de la fraction de jour qui entre dans la durée exacte de l'année était équivalente, à très peu près, à celle que la réforme grégorienne a établie soixante ans après la prise de Mexico. Par celle-ci, on intercale 24 jours en cent ans, ou plutôt 97 en 400 ans; les Aztèques en intercalaient 25 en 104 ans. La longueur de l'année est de 365 jours, plus une fraction représentée par 5 heures 48 minutes 49 secondes. Cette fraction de près d'un quart de jour par an, qui oblige à l'intercalation d'un jour entier ou d'un certain nombre de jours après une certaine période, était supposée, dans le calendrier introduit par Jules-César, d'un quart tout juste. On se trouvait ainsi en avance, sous le pape Grégoire XIII, de dix jours. La réforme grégorienne, décrétée en 1582, qui intercale un jour tous les quatre ans, sauf aux années séculaires, pour lesquelles toutefois l'exception n'a lieu que trois fois sur quatre, suppose que cette fraction est de 5 heures 49 minutes 12 secondes. L'année moyenne du calendrier grégorien est donc trop forte de 23 secondes, soit un jour en quatre mille ans. Chez les Mexicains, l'année moyenne mettait cette fraction à 5 heures 46 minutes 9 secondes. Leur année moyenne se trouvait ainsi conforme au calcul célèbre des astronomes du calife Almamoun. Laplace, frappé de cette approximation des Mexicains, aurait voulu l'attribuer à quelque communication avec l'Asie; mais il fut arrêté par une réflexion fort judicieuse. « Pourquoi, dit-il, si cette détermination aussi exacte de la longueur de l'année leur a été transmise par le nord de l'Asie, ont-ils une division du temps si différente de celles qui ont été en usage dans cette partie du monde? » Le mieux est donc de croire que cette estimation était l'ouvrage des peuples de Mexico eux-mêmes.

(2) Par une contradiction bizarre, ces signes irrécusables de la civilisation étaient associés à un épouvantable usage, celui des sacrifices humains. D'après les témoignages de l'histoire, on est autorisé à penser que ce n'était pas le legs d'une barbarie primitive dont ils n'auraient pas su secouer la tradition : il paraît que c'était l'effet d'une horrible superstition venue après coup, ou bien un moyen d'intimidation imaginé par des prêtres impitoyables pour le maintien de leur domination.

(3) *History of the Conquest of Mexico.* M. Amédée Pichot en a donné une bonne traduction française.

(4) *Cruautés horribles commises par les conquérans du Mexique et par les Indiens qui les aidèrent à soumettre cet empire à la couronne d'Espagne.* Mémoire de don Fernando Alva Ixtlilxochitl (écrit vers 1600). Supplément à l'histoire du père Sahagun, publié et dédié au gouvernement suprême de la confédération mexicaine par Charles-Marie de Bustamente. Mexico 1829.

cain sont douées de la vertu de résister parfaitement à l'ardeur du soleil. C'est ainsi qu'avant la conquête du Mexique par Fernand Cortez, la région aujourd'hui connue sous le nom de *Terre-Chaude* était habitée plus que de nos jours, et présentait les caractères d'une prospérité relative. Postérieurement à la conquête, la culture de la canne à sucre et le travail des sucreries, qui dans les Antilles sont considérés comme les labeurs les plus pénibles, se sont toujours faits principalement par la main des Indiens, et accessoirement par les bras des nègres introduits comme esclaves.

Les blancs ne font guère que le sixième ou le septième de la population, et encore parmi les personnes qui se donnent et sont acceptées comme appartenant à la race blanche sans mélange, un bon nombre ont dans les veines une certaine portion de sang indien, ne fût-ce que parce qu'après la conquête les veuves et les filles des nobles aztèques devinrent les épouses légitimes des compagnons de Cortez ou des Espagnols qui arrivèrent immédiatement après. Elles leur apportaient la richesse et trouvaient en eux des protecteurs.

Il y avait aussi depuis longtemps dans les environs du port d'Acapulco, où arrivait et d'où partait le galion des Philippines et de la Chine, quelques sang-mêlé provenant du croisement des races asiatiques avec la population du pays. C'est une catégorie d'habitans qui pourrait se multiplier indéfiniment par l'immigration des Chinois, qui de nos jours s'échappent dans toutes les directions qu'ils voient ouvertes, poussés qu'ils sont par le désir d'échapper au régime arbitraire et tyrannique sous lequel ils gémissent dans leur patrie, et attirés dans les contrées où domine la civilisation occidentale ou chrétienne par la douceur relative des lois et par la protection dont y jouissent à peu près partout la personne et la propriété de l'homme industrieux.

Quant à la population que le pays pourrait porter, elle serait extrêmement considérable, puisque la superficie du Mexique, après tout ce qu'en ont ravi les Américains du Nord, reste encore plus que triple de celle de la France, et, à superficie égale, c'est un pays qui nourrirait plus d'habitans que nos contrées. Dans la Terre-Chaude et une bonne partie de la Terre-Tempérée, le bananier prospère, sans qu'on ait, comme dans les Antilles, la crainte de le voir arraché par les ouragans. C'est pour l'alimentation publique un bienfait sans égal, car aucune plante ne rend avec aussi peu de travail une aussi grande quantité de subsistance. Un hectare planté en bananes suffit à nourrir cent personnes, tandis qu'avec le blé c'est seulement cinq ou six en Europe. Avec un bon système de communications, la banane cultivée sur les deux plans inclinés qui relient le plateau à la mer viendrait s'offrir aux habitans du plateau lui-même. A côté de la banane, le Mexique a le manioc; il peut y joindre tout ce qui vient aux Antilles ou dans les régions ardentes de l'Asie. A ces ressources s'ajoute le maïs, qui était déjà consommé en grande quantité du temps de Montézuma, et qui entre dans le régime alimentaire de toutes les parties du pays à peu près sous la même forme et avec les mêmes apprêts qu'alors. Il sert de base à la nourriture des classes pauvres ou peu aisées. C'est une culture qui réussit au Mexique d'une façon dont on se ferait difficilement une idée dans nos campagnes. Les bonnes terres, là où la température est assez élevée, rendent dans les années propices jusqu'à huit cents grains pour un, et dans les mauvaises environ cent cinquante. L'espace qu'une famille a besoin de mettre en culture pour subsister est donc infiniment exigu dans la région chaude et peu étendu dans la région froide, telle qu'elle se présente communément. Le blé même réussit admirablement dans les plaines où l'homme pratique avec quelque soin cette culture, comme dans celles de Toluca et plus encore dans celles qu'on rencontre aux environs de la Puebla, surtout entre cette ville et le village de Saint-Martin.

A la fin du siècle dernier et tout au commencement de celui-ci, lorsque la crise de l'indépendance ne s'était pas déclarée encore, la population mexicaine suivait une progression au moins égale à celle par laquelle se signalaient les États-Unis eux-mêmes. En procédant d'après les relevés des naissances et des décès dressés par les curés, on a constaté que la moyenne était de 170 naissances pour 100 décès, proportion extrêmement favorable. Les États-Unis à ce moment-là n'avaient pas tout à fait aussi bien. La population était à peu près la même alors dans la vice-royauté de la Nouvelle-Espagne et dans la république américaine, environ sept millions d'âmes. Combien c'est changé aujourd'hui! Et les progrès de la richesse, des lumières, de la puissance, ont été aux États-Unis plus marqués encore que ceux de la population, tandis que le Mexique offrait l'affligeant spectacle d'une décadence continue.

V. — DU SUCCÈS DE L'EXPÉDITION.

Quelque incomplet qu'il soit, l'exposé qui précède ne laisse cependant pas de doute sur ce point : que le pays du Mexique se présente avec des ressources tout à fait extraordinaires et dans des conditions exceptionnellement favorables. Par l'extrême diversité de ses productions et par le bas prix auquel il peut fournir des matières si diverses, par la rapidité avec laquelle la population s'y multiplierait, si la société cessait d'y être dans une situation aussi précaire, il semble appelé, pour peu qu'on l'aide et qu'il s'aide lui-même, à devenir le siége d'un immense commerce tant extérieur qu'intérieur. Il aurait de la richesse, il aurait de la population, il occuperait une position tout aussi intéressante sous le rapport de l'action militaire et maritime que pour les grandes opérations d'échanges avec l'étranger. On n'exagère donc rien en disant qu'il dépend des hommes d'en faire un grand empire.

Il nous reste à dire un mot de l'expédition même et de ses chances de réussite.

Le succès militaire de l'expédition semble infaillible. A l'origine, le corps expéditionnaire n'était pas suffisamment fort; mais le gouvernement français s'est empressé de renforcer son contingent par l'envoi de nouvelles troupes, sous les ordres du général Lorencez, et on serait à temps de l'augmenter encore. La fièvre jaune, qui est terrible à la Vera-Cruz envers les étrangers et même envers les Mexicains du plateau, ne devient formidable qu'à la fin de mai ou au commencement de juin. Une armée qui partirait de Paris aujourd'hui pourrait être alors entrée à Mexico, et en tout cas aurait pris position dans une région parfaitement salubre. De la Vera-Cruz, point de débarquement, à Mexico, il existe deux routes, l'ancienne et la nouvelle, qui toutes les deux, après un trajet de moins de 100 kilomètres, conduiraient nos braves soldats dans la Terre-Tempérée, région aussi salubre qu'elle est belle, et où la culture est féconde et variée, de sorte qu'ils y trouveraient à la fois l'abondance et le bon air. Chacune des deux routes offre une ville importante : d'un côté Xalapa, de l'autre Orizaba, où il est facile d'organiser des hôpitaux, des magasins, des dépôts. A partir de là, en s'avançant dans l'intérieur, on rencontre de vastes propriétés, munies d'une grande habitation ou *hacienda*, où au besoin il serait facile de se fortifier. La plupart des *haciendas* ont de grands troupeaux de bœufs qui vivent en plein air, et que les habitans s'empresseront de vendre, si on les paie bien. Le pays produit d'excellens haricots, connus sous le nom de *frijoles*, aliment substantiel et agréable. Les oranges y sont très communes. Quant au blé, il ne se rencontre en grande quantité que sur le plateau. Si la troupe ne s'accommodait pas du maïs, qui fait le fond de la subsistance des Mexicains, et qu'on dût lui donner du pain semblable à celui qu'elle mange en France, il faudrait faire venir de la farine de New-York, puisque la Nouvelle-Orléans est fermée par le blocus, ou encore du marché de La Havane, qui est bien approvisionné. Pour le service des transports, qui importe essentiellement à la réussite des opérations militaires, il est vraisemblable qu'avec de l'argent on se fournira amplement de chevaux et de mules. Les mulets abondent au Mexique, c'est sur leur dos que chemine la majeure partie des marchandises.

Un des articles qui sont le plus indispensables à la guerre, le bois pour cuire le repas du soldat et passer les nuits au bivac, se présente abondamment jusqu'à ce qu'on arrive au plateau. Ce sont d'abord les arbres des tropiques, puis, dans la région tempérée, au milieu de beaucoup d'autres essences, le chêne, dont l'apparition rassure le voyageur qui songe à la fièvre jaune, car tant qu'on l'aperçoit, c'est qu'on est dans la région exempte des germes du mal. Plus haut se montrent des forêts de pins. Sur le plateau même, le bois devient assez rare, particulièrement lorsqu'on a pris la vieille route qui traverse Xalapa; mais dans cette direction il y en a bien assez pour les besoins d'une armée qui n'est pas très nombreuse, et qui ne fait que traverser.

L'eau de bonne qualité est plus indispensable encore à la troupe. Sur ce point, une partie du plateau laisse à désirer, notamment celle qui s'étend de Perote à la Puebla, le long de la route de Mexico par Xalapa. Non-seulement les sources y sont clair-semées, mais la salure du sol, signalée plus haut, rend fréquemment les eaux désagréables au goût et impropres à la boisson. Cet inconvénient est plus marqué dans la saison sèche, pendant laquelle se fait et a dû se faire l'expédition; mais par la route d'Orizaba il paraît être peu sensible. L'administration de la guerre, qui dans nos dernières campagnes a déployé une sollicitude fort intelligente pour la santé du soldat, a pris ses précautions contre la mauvaise qualité des eaux. Le corps expéditionnaire aura la ration de café. En outre on a eu soin de faire arriver à la Vera-Cruz un approvisionnement de vin. Il est à croire en effet que la troupe s'accoutumerait difficilement au *pulque* ou jus fermenté de l'aloès, qui est consommé, de préférence à toute autre boisson, par la population, quoique la vigne réussisse parfaitement sur le plateau; mais comme, en vertu du système prohibitif qu'affectionnait la métropole, il fallait, sous le régime colonial, que tout le vin bu au Mexique fût originaire de la mère-patrie, les Mexicains s'en passaient, et ils ne s'y sont pas mis encore : même chez les classes aisées, c'est du *pulque* qu'on trouve sur les tables.

Les renseignemens qu'on a pu recueillir permettent de croire que, si les Français se fussent présentés seuls, ils n'eussent rencontré que fort peu de résistance. La population mexicaine a du goût pour eux, et comme nos troupes ne prennent rien de vive force et paient convenablement toute chose, il est vraisemblable qu'on leur eût apporté tout ce que le pays aurait pu fournir. Malheureusement la présence du drapeau espagnol à côté du nôtre nous expose à partager la répulsion dont la Péninsule est l'objet de la part des Mexicains. — Le patriotisme mexicain, c'est la haine de l'Espagne. Le Mexicain a une antipathie marquée pour l'Américain du Nord, voisin ambitieux dont il redoute l'esprit d'empiétement illimité; mais il déteste bien davantage la nation espagnole. Il y a un fleuve de sang entre les Espagnols et les Mexicains; il n'existe peut-être pas au Mexique une famille créole, métisse ou indienne, qui n'ait lieu de se souvenir que les commandans espagnols, pendant la guerre de l'indépendance, ont livré au bourreau ou égorgé sur le champ de bataille après la victoire quelqu'un de ses membres, un père, un fils, un frère. S'il était vrai, comme on l'a dit, qu'à la suite de la convention de Soledad la troupe espagnole dût rentrer à Cuba, ce dont on peut douter, ce serait le plus grand des bonheurs possibles, je ne dirai pas pour nos soldats, qui sauront bien triompher de tous les obstacles, mais pour nos négociateurs. Ce serait comme si l'armée expéditionnaire avait gagné dix mille hommes, quoiqu'elle eût perdu de cinq à six mille auxiliaires. Il n'y a peut-être pas d'exagération à dire que si les troupes espagnoles restent avec les nôtres, il s'ensuivra la nécessité d'expédier des renforts.

Sous le rapport politique, c'est encore une délicate affaire que le choix du prince auquel on pourrait offrir le trône nouveau qui serait érigé au Mexique. Il est convenu en toute loyauté que les alliés s'abstiendront d'imposer aux Mexicains tel ou tel souverain; ils n'entendent même pas les contraindre à changer la forme de leur gouvernement. Ils les laissent parfaitement libres de faire d'eux-mêmes ce qu'il leur plaira. La proclamation des commissaires et des commandans alliés du 10 janvier est fort explicite à cet égard, et on ne devait pas moins attendre de la sagesse des trois gouvernemens. On admettra cependant que les alliés, une fois à Mexico, donneront des conseils, car on ne saurait croire qu'ils puissent rester bouche close au milieu des discussions plus que vives probablement qui éclateraient alors parmi les Mexicains. Or des avis offerts par des conquérans tout chauds encore de l'ardeur de la conquête ressemblent quelque peu à des ordres, et risquent fort d'être pris pour tels. Il se passera donc à Mexico, nécessairement de par la force des circonstances, quelque chose d'analogue aux scènes de l'hôtel Talleyrand à Paris, en avril 1814, quand les alliés se furent emparés de notre capitale. L'empereur Alexandre, plein, disait-il et croyait-il, non-seulement de bienveillance, mais même de respect pour les sentimens de la France, ne voulait rien prescrire. En somme cependant ce fut lui qui fixa et la forme du gouvernement destiné à remplacer l'empire et la personne du nouveau chef de l'état.

Quoi qu'il en soit, si les rumeurs qui ont circulé et qui ont trouvé crédit sont exactes, le prince Ferdinand-Maximilien, archiduc d'Autriche et frère de l'empereur François-Joseph, serait le candidat désigné pour la lourde tâche d'inaugurer la couronne mexicaine. Le choix est-il bon? On a lieu de le penser. Le prince passe pour libéral, et tel il s'est montré quand il résidait à Milan. Le succès de la mission qu'il est, dit-on, disposé à assumer dépendra de lui-même avant tout, et les qualités distinguées dont ceux qui ont eu l'honneur de l'approcher assurent qu'il est doué sont des gages pour la réussite de la difficile entreprise de réorganiser le Mexique. Il n'y a contre ce choix qu'une objection, que nous signalerons franchement, la nationalité du prince. La maison d'Autriche, disent ses partisans, est tout naturellement indiquée aux Mexicains; elle a gouverné l'Espagne avec grandeur; elle a laissé dans la Péninsule des souvenirs de gloire qui la recommandent aujourd'hui aux peuples de la Nouvelle-Espagne. Il est vrai, la maison d'Autriche a donné aux Castillans Charles-Quint; mais aussi elle leur a fourni Philippe II, une des plus détestables figures qui se soient jamais assises sur un trône. Philippe II, c'est la tyrannie incarnée avec tous les traits qui la rendent odieuse, l'astuce et la dissimulation, la cruauté à froid, le goût du meurtre longuement prémédité et lentement accompli; c'est l'inquisition avec les *auto-da-fé* érigés en réjouissances publiques, car avec lui on faisait un auto-da-fé pour célébrer quelque grand événement, tout comme aujourd'hui on donne un spectacle gratis ou l'on tire un feu d'artifice. Philippe II, c'est le complice ou plutôt l'instigateur du farouche duc d'Albe dans toutes les horreurs commises envers les Pays-Bas; c'est le bourreau de ses sujets, de ses confidens et de son propre fils. Philippe II est en Espagne la personnification de la maison d'Autriche plus que Charles-Quint lui-même, puisque, de tous les rois issus de cette maison, c'est celui qui a imprimé le plus profondément son cachet sur le pays. Il y a mis au complet le despotisme politique et religieux, il en a fait une tradition à laquelle il a enchaîné l'Espagne par des chaînes si fortes que ce funeste régime lui a survécu deux siècles. Le titre de prince autrichien pourrait donc n'être aux yeux des Mexicains qu'une recommandation médiocre. Il ne faut pas perdre de vue non plus qu'il existe une incompatibilité de caractère entre les Germains et les races latines, dont les Mexicains sont les rejetons, dont ils reproduisent le génie. Plus que d'autres, les Autrichiens, par la discordance des tempéramens, sont enclins à opprimer les races latines plutôt qu'à se les concilier en les gouvernant. L'Italie en a offert de nos jours la preuve trop manifeste. L'archiduc lui-même en sait long sur ce chapitre, et ses propres observations doivent parler haut dans son esprit.

Au lieu donc de lui donner de l'aide, l'origine de l'archiduc Maximilien lui suscitera plutôt des embarras. Les difficultés de sa situation à Mexico seraient insurmontables, s'il devait, comme à Milan, être gardé par une armée d'Autrichiens et entouré de fonctionnaires *tedeschi* fidèles aux coutumes de la bureaucratie autrichienne, recevant ou soupçonnés de recevoir leur consigne de Vienne; mais heureusement pour lui l'Autriche n'est guère en position de lui prêter des soldats. Pour ce qui est des administrateurs, si elle en a de bons, elle a lieu de se les réserver; elle en a l'emploi chez elle dans l'œuvre laborieuse de réorganisation politique, financière et administrative à laquelle elle s'applique si honorablement aujourd'hui. Pour réussir au Mexique, l'archiduc doit quitter Vienne pour la Vera-Cruz seul, son portefeuille sous le bras. Et on peut ici répéter un mot célèbre en disant que s'il réussit, ainsi que nous le souhaitons, ce sera non parce qu'il est Autrichien, mais bien quoiqu'il le soit.

Je suppose le prince arrivé à Mexico et monté sur le trône; immédiatement se présentera la difficulté suivante, entre plusieurs autres que je passe sous silence : le nouvel empereur pendant quelque temps aura besoin d'une certaine assistance militaire, car s'il restait sans appui au milieu de cette désorganisation absolue que présente l'état, le chef du nouvel empire serait à la merci de l'intrigue et du hasard, et son trône ne serait pas debout six mois. Ce corps étranger, quel serait-il? je veux dire qui le fournirait? Il ne faut pas se le dissimuler, il est à craindre que cette coûteuse corvée ne dût être faite par la France. Il est inévitable en effet qu'elle soit à la charge de quelqu'une des trois puissances alliées dans l'expédition; mais, pour l'Angleterre, les traditions de sa politique et les idées de la chambre des communes sont si bien connues que, sans se piquer du don de prophétie, on peut prévoir qu'elle se refuserait absolument à coopérer à cette occupation. Quant à l'Espagne, elle est écartée, parce que, dans la disposition où sont les esprits au Mexique à l'endroit de la Péninsule et de tout ce qui en émane, on ne saurait demander aux Mexicains de tolérer la présence d'une garnison espagnole à Mexico et à la Vera-Cruz. Ils y verraient le rétablissement de la domination de leur ancienne métropole. Une troupe française au contraire, par le désintéressement évident de notre politique en cette affaire, par l'admirable discipline de nos soldats et par le génie propre à notre nation, serait mieux ou moins mal en position que toute autre d'occuper avec l'assentiment des Mexicains quelques points principaux du pays, afin de préserver de malheur le nouveau trône pendant qu'il prendrait son assiette.

Il ne faut pourtant pas s'exagérer cette difficulté. L'occupation devra être essentiellement temporaire. S'il est vrai, ainsi que tout porte à le croire, que la nation mexicaine soit fatiguée du régime politique sous lequel elle dépérit, s'il est constant que son vœu à peu près unanime soit pour l'établissement d'une monarchie, l'archiduc Ferdinand-Maximilien, avec le caractère bienveillant et les lumières qu'on lui attribue, doit réunir en un faisceau les volontés jusqu'alors discordantes, et rétablir au Mexique en peu de temps les organes les plus essentiels de la vie politique et administrative. Il aurait donc bientôt une armée nationale sur le concours dévoué de laquelle il pourrait compter, et qui le dispenserait de l'assistance d'un corps étranger, dont la présence avec son drapeau déployé affecte toujours péniblement le sentiment patriotique d'une nation. Que si au contraire la monarchie nouvelle se traînait misérablement, comme l'a fait la république mexicaine, si après quelque temps d'essai elle restait impuissante à se soutenir d'elle-même, par ses seules forces et son seul ressort, elle n'aurait plus aucun titre aux sympathies actives de l'Europe, et il faudrait abandonner le Mexique à ses malheureuses destinées. Aussi bien à l'état monarchique qu'à l'état républicain, il serait démontré alors que ce serait une nation et une société sans vitalité. Nous avons un meilleur usage à faire de nos ressources et de nos efforts que de nous évertuer à l'œuvre impossible de faire marcher les morts.

Quelque courte qu'elle dût être, l'occupation de la capitale et de quelques points principaux du Mexique par une force française soulèverait en France même des objections graves. L'opinion ne voit pas de bon œil les dépenses qui semblent ne profiter qu'à l'étranger. Si donc cet expédient était adopté pour soutenir le nouveau trône, il ne serait pas hors de propos qu'il fût bien entendu qu'aussitôt que la trésorerie mexicaine cesserait d'être un coffre vide, les frais d'une occupation toute dans l'intérêt de la nation mexicaine seraient supportés par elle.

VI. — DES MOTIFS POLITIQUES QUI PEUVENT JUSTIFIER L'EXPÉDITION.

Puisque la question de la dépense se présente ici, il faut l'examiner non pas seulement par rapport à l'entretien d'un corps destiné à garantir d'accident les premiers pas du nouvel établissement monarchique, mais aussi relativement au fond même de l'entreprise. Le contribuable français, tout comme celui de l'Angleterre ou de l'Espagne, est fondé à adresser à son gouvernement cette question : Pourquoi cette expédition? quel intérêt national y avons-nous? La somme qu'elle doit coûter est sans proportion avec toutes les indemnités qu'on pourra retirer du Mexique. Les insultes que se sont permises les autorités mexicaines n'atteignent pas l'honneur de la France, qui est au-dessus de la portée d'un gouvernement aux abois. Si l'on voulait obliger le Mexique à payer les dommages qu'ont éprouvés nos nationaux, il n'y avait qu'à s'emparer des principaux bureaux de douane, afin d'y percevoir les droits pour le compte de nos compatriotes lésés. Pour qu'on ait adopté un plan différent, il faut qu'on ait eu de graves motifs politiques, et quels peuvent-ils être?

Un motif qui est commun aux trois puissances, quoiqu'elles puissent l'apprécier à des degrés divers, est la nécessité d'opposer enfin, dans l'intérêt de la balance politique du monde, une barrière à l'esprit d'envahissement dont étaient possédés les états du midi ou états à esclaves de l'Union américaine, et qu'ils soufflaient à toute leur nation. C'était un plan arrêté, parmi les meneurs du sud, de reculer indéfiniment les limites de l'Union aux dépens du Mexique, de l'Espagne, propriétaire de Cuba, et des républiques de l'Amérique centrale. Ces projets d'agrandissement manquaient de toute justification tirée de l'utilité nationale, car à quoi bon de nouveaux espaces pour l'Union, qui déjà possédait une immense superficie où la population pouvait croître et se multiplier pendant des siècles encore sans craindre d'être foulée? La superficie de l'Union américaine est d'environ seize fois celle de la France. Et puis comment qualifier ce programme de spoliation au point de vue de la justice? Comment concilier cet insatiable appétit de territoire avec le respect que se doivent les uns aux autres les états civilisés, surtout lorsqu'ils sont si bien délimités par la différence des origines et par la configuration du sol? Mais le sud voulait étendre l'esclavage, introduire dans la fédération de nouveaux états qui fussent caractérisés par cette *institution particulière*, afin de faire contre-poids aux progrès plus rapides en population et en richesse par lesquels se distinguait le nord, où le travail est libre, et qui donnaient au nord la majorité et l'ascendant au sein des deux chambres du congrès. Ainsi l'île de Cuba, une fois conquise ou annexée, aurait pu être découpée en deux états, peut-être en trois. Dans l'ancienne province du Texas, l'esclavage, aboli par les Mexicains indépendans, avait été rétabli; on eût accompli la même restauration dans les autres parties du Mexique qu'on se serait appropriées. A plus forte raison ce système rétrograde eût été imposé aux états de l'Amérique centrale jusqu'à Panama. Plus tard, on aurait vu ce qu'il convenait de faire pour l'Amérique méridionale. Provisoirement on voulait bien la laisser en paix. L'exécution de ce plan audacieux se poursuivait imperturbablement. On avait déchaîné sur l'île de Cuba, sous la conduite d'un réfugié espagnol nommé Lopez, des expéditions de prétendus libérateurs qui avaient échoué misérablement. On s'était alors retourné vers un procédé plus acceptable au point de vue du droit des gens : on avait proposé à l'Espagne de céder cette admirable colonie à prix d'argent. L'Europe avait vu trois des diplomates américains envoyés près de ses cours se réunir à Ostende, tracer la marche à suivre pour l'incorporation de Cuba dans l'Union, moitié de gré, moitié de force. Un spectacle d'un autre genre, mais qui n'était pas moins propre à exciter l'étonnement universel, avait été offert au monde par les tentatives réitérées de Walker sur l'Amérique centrale. Ce *condottiere* sans frein, après avoir organisé ses bandes à la Nouvelle-Orléans, au su de tout le monde, allait promener sur les rives du lac de Nicaragua la rébellion, le meurtre et l'incendie. Il était l'effroi et le fléau de peuples inoffensifs, et le gouvernement fédéral n'essayait rien de sérieux pour entraver ces entreprises de flibustier, quoiqu'elles fussent dirigées très ostensiblement contre des pays amis. Les hommes éclairés du nord réprouvaient cette politique agressive, qui violait toutes les règles observées entre états civilisés; mais l'influence du sud intimidait le gouvernement fédéral, et celui-ci se laissait lier les mains. En même temps que le sud de l'Union américaine agissait ainsi en conquérant vis-à-vis de l'Amérique espagnole, il tentait de comprimer la réprobation que ses plans et ses actes soulevaient en Europe en affichant une doctrine suivant laquelle il aurait été interdit aux puissances européennes d'intervenir dans les affaires du Nouveau-

Monde. C'était la célèbre doctrine dite de Monroë, parce qu'elle avait été consignée, mais au milieu de circonstances bien différentes, dans un des messages annuels de l'illustre président de ce nom. On se souvient de la recrudescence des idées légitimistes, féodales et absolutistes dans les conseils des monarchies européennes vers 1820 et dans les années qui suivirent. Elle fut la cause de grands événemens dans les deux péninsules, l'italienne et l'ibérique; les institutions libérales y furent renversées par des baïonnettes étrangères. La France se chargea de l'exécution en Espagne, et fit la campagne de 1823, qui abattit la constitution des cortès et rétablit le pouvoir absolu de Ferdinand VII. L'Autriche accepta et remplit avec le même succès la même mission à Naples et dans le Piémont. On put croire que, dans leur emportement en faveur des principes de la légitimité et des droits absolus des souverains, les gouvernemens qui étaient les plus en avant dans la sainte-alliance, et au gré desquels les mots de république et de souveraineté nationale impliquaient le germe de tous les désordres, de toutes les usurpations et de tous les crimes, voudraient restaurer l'autorité légitime de l'Espagne dans les ci-devant colonies du continent américain. Les États-Unis s'émurent profondément de la passion réactionnaire que les cabinets du continent de l'Europe manifestaient par un langage violent et par des actes sommaires. Ils résolurent noblement de faire cause commune avec les républiques qui s'étaient érigées sur les ruines de la domination espagnole dans le Nouveau-Monde. Le président Monroë se fit le digne interprète de cette courageuse et prévoyante détermination de ses concitoyens, et le message qu'il adressa au congrès, à l'ouverture de la session, au mois de décembre 1823, portait la déclaration que les États-Unis se considéreraient comme solidaires des républiques qui seraient attaquées. On a tant parlé de la doctrine Monroë, qu'il n'est pas inopportun de transcrire ici le passage où elle est formulée.

« Je vous avais dit au commencement de la dernière session qu'un grand effort se faisait en Espagne et en Portugal pour améliorer la condition de l'une et de l'autre nation, et que la tentative paraissait conduite avec une modération extraordinaire. Je n'ai pas besoin de vous faire remarquer à quel point le résultat a été différent de nos prévisions. C'est toujours avec anxiété et sympathie que nous avons assisté au spectacle des événemens qui s'accomplissaient dans cette partie du monde d'où nous avons tiré notre origine. Les citoyens des États-Unis nourrissent les sentimens les meilleurs pour la liberté et le bonheur de leurs semblables de l'autre côté de l'Atlantique. Tant que la guerre a subsisté entre les puissances européennes, nous nous sommes abstenus d'y prendre part, de même qu'à toutes les affaires qui ne regardaient qu'elles; notre politique nous le commandait.

C'est seulement lorsque nos droits sont attaqués ou sérieusement menacés que nous nous sentons blessés et que nous nous préparons à nous défendre. Les événemens qui se passent dans notre hémisphère nous touchent plus immédiatement par des raisons qui se présentent d'elles-mêmes à tout observateur éclairé et impartial. Le système de politique générale des états de la sainte-alliance diffère essentiellement sous ce rapport de celui de l'Amérique. Cette différence procède de celle qui existe dans les institutions respectives. Notre nation est tout entière dévouée au maintien des institutions qui ont été acquises au prix de tant d'argent et de sang, mûries par la sagesse de nos concitoyens les plus éclairés et à l'ombre desquelles nous avons joui d'une prospérité sans exemple. En conséquence, c'est un hommage que nous devons à la vérité et à notre désir de continuer nos relations amicales avec les puissances alliées, de déclarer que nous considérerions comme dangereux pour notre repos et pour notre sûreté toute tentative qu'elles feraient pour étendre leur système à une portion quelconque de cet hémisphère. Nous nous sommes abstenus d'intervenir dans les colonies ou dépendances réelles des différens états européens, et nous ferons de même à l'avenir; mais pour ce qui est des états qui ont proclamé et fait prévaloir leur indépendance, et dont après pleine considération, et conformément à de justes principes, nous avons reconnu l'indépendance, nous ne pourrions regarder que comme une manifestation de sentimens hostiles aux États-Unis toute intervention qui aurait pour objet de les opprimer ou d'en contrôler de quelque manière que ce fût les destinées. Pendant la lutte qui a eu lieu entre ces nouveaux gouvernemens et l'Espagne, nous nous sommes déclarés neutres; au moment même où nous les reconnaissions, nous avons observé la neutralité, et nous y persisterons, pourvû qu'il ne se produise aucun changement qui, dans l'opinion des pouvoirs constituant notre gouvernement, soit de nature à rendre indispensable à la sécurité des États-Unis un changement correspondant de notre part. »

Tels sont les termes dans lesquels s'est produite cette doctrine dite de Monroë. A la rigueur, on peut y donner plusieurs interprétations différentes. Ce que l'Amérique du Nord déclarait à l'Europe par l'organe de son président, qu'elle considérerait comme une agression personnelle le fait de tenter d'*étendre* à une partie quelconque de l'Amérique émancipée le *système* de l'Europe, et d'en *contrôler de quelque manière que ce fût les destinées*, peut s'entendre de deux manières : on peut soutenir qu'il s'agit de la tentative de restaurer, dans quelqu'une des parties de l'Amérique espagnole ou portugaise, l'autorité de la Péninsule. On peut prétendre aussi qu'on a voulu prévoir le cas où se produirait le projet d'y fonder des monarchies, même parfaitement indépendantes, même dotées d'institutions représentatives. De ces deux versions, que la grammaire autorise, laquelle est la vraie? Nous croyons qu'un esprit sage, tel qu'était M. Monroë, qui connaissait l'Europe et qui savait respecter la liberté d'autrui, ne songeait pas à la seconde. Au surplus, le cours des événemens fournit un commentaire suffisamment clair des paroles de M. Monroë et du sens qu'on y attachait à Washington. On a la preuve que ce que voulait M. Monroë, ce qu'on voulait en 1823 dans les conseils de la grande république américaine, c'était d'assurer et de garantir de toute atteinte l'indépendance conquise par l'Amérique continentale espagnole et portugaise, et qu'on ne se proposait aucunement d'y empêcher la formation d'établissemens monarchiques. Cette preuve, c'est que déjà l'on avait accepté le gouvernement impérial d'Iturbide au Mexique, parce que c'était un gouvernement indépendant. De même, un peu plus tard, pour le Brésil, où s'était élevée une monarchie plus stable. Enfin, à cette même époque, le cabinet de Washington n'avait aucunement la pensée d'insurger le Canada et d'absorber Cuba sous prétexte que c'étaient des pays soumis au régime monarchique.

Quelques années après, lorsque fut entièrement passé le danger qu'on avait prévu en 1823 pour l'Amérique espagnole ou portugaise, la déclaration du président Monroë, cet acte digne et courageux, a été, aux États-Unis, travestie et faussée dans sa signification et dans son objet. On l'a transformée en une défense signifiée à l'Europe de s'occuper des affaires de l'Amérique. Au gré de quelques hommes politiques qui n'étaient pas les moins écoutés de la masse de leurs concitoyens, on l'a interprétée ainsi, que l'Europe devait renoncer à rien posséder en Amérique, sur le continent du moins; on voulait bien lui permettre les îles, et encore n'était-ce pas sans exception, l'affaire de l'île de Roatan l'a montré. Ce paradoxe était érigé en une espèce de dogme par les flatteurs de la multitude, qui, en tous pays, dans sa vanité, qu'elle confond avec la dignité nationale, aime qu'on humilie l'étranger. Il couvrait les desseins des esclavagistes, qui, l'Europe exclue de toute influence en Amérique, entendaient s'approprier, sous le voile d'une vente imposée par la menace, sinon par la force des armes, tout ce qui, dans leurs alentours, serait à leur convenance. Une alliance intime s'était formée, au sein de l'Union, entre les meneurs du sud et les chefs du parti qui portait le nom de démocratique, et cette alliance, qui viciait la politique intérieure des États-Unis non moins que leur politique étrangère, a pendant une suite d'années dominé le pays: c'est elle qui surtout dictait les choix dans les élections à la présidence; mais il était infaillible que le sentiment public se réveillerait dans la grande république américaine de manière à rendre l'ascendant aux principes de progrès et de liberté. C'est ce qui a eu lieu dans l'élection du président Lincoln.

Alors que subsistait triomphante aux États-Unis l'alliance entre le parti démocratique et le parti esclavagiste, la doctrine dite de Monroë, arrangée par d'audacieux commentateurs, avait déterminé des actes assez nombreux qui avaient blessé profondément l'Europe. C'est ainsi que le commandant Hollins, de la marine fédérale, qu'en cela on a dû croire autorisé par son gouvernement, puisqu'il n'a pas été désavoué, était venu incendier le port principal sur l'Atlantique de l'Amérique centrale, San-Juan-del-Norte, dont on avait changé le nom en celui de Greytown. D'autres actes plus significatifs encore avaient atteint directement celle des puissances de l'Europe qui montrait le plus de répulsion pour la propagation de l'esclavage. La fière Angleterre, qu'on avait déjà obligée de reculer dans l'affaire des frontières de l'état du Maine, s'était vue forcée d'accepter des arrangemens pénibles au sujet de la délimitation, sur terre et sur mer, de sa colonie de Balise, dans l'Amérique centrale. L'Europe avait pu tolérer un moment ces écarts de la démocratie des États-Unis, inspirés et excités par les esclavagistes du sud; mais il devait lui tarder de raffermir sa position ébranlée et de rentrer dans l'exercice des facultés qu'elle est fondée à revendiquer dans l'intérêt de la civilisation générale. L'affaire du Mexique lui fournit une occasion favorable; en la saisissant, elle se conduit conformément à ce que conseille une sage politique.

Ce n'est point parce que, divisés en deux camps profondément ennemis l'un de l'autre, les États-Unis sont moins redoutables, et qu'on risquerait moins en passant outre à leur réclamation s'ils en articulaient quelqu'une; c'est parce que le nord a ici le même intérêt que l'Europe. L'objet du nord, qui réprouve l'esclavage et veut l'empêcher de s'étendre, sera atteint, si, sous le patronage temporaire des puissances alliées, le Mexique se constitue d'une manière stable, car les aventuriers du sud, sachant quel accueil serait fait désormais à leurs agressions, renonceraient à leur projet de le démembrer pour faire de ses lambeaux de nouveaux états à esclaves incorporés à leur groupe. Qu'importe au nord de reculer les limites de la république? Le territoire qu'elle possède est tellement vaste, que, quelque ambitieux qu'on soit, on se contenterait à moins. Ce qui lui importe, c'est qu'une limite soit prescrite à l'esclavage et qu'on intime à l'*institution particulière* cette sentence : « Tu n'iras pas plus loin. » L'expédition du Mexique ne saurait donc contrarier le nord; elle répond à ses idées, elle rentre dans sa politique. La seule condition dont le nord peut et doit demander l'observation rigoureuse, c'est que l'indépendance du Mexique soit pleinement respectée, qu'il ne soit pas question d'en refaire directement ou indirectement une colonie au profit réel ou supposé d'une puissance européenne quelconque. C'est la doctrine Monroë, telle que l'entendait son auteur. Sur ce terrain, la France et l'Angleterre seraient donc en parfait accord avec le gouvernement de Washington. Même après la restauration de l'Espagne à Saint-Domingue, on n'est pas autorisé à dire que le cabinet de Madrid serait en dehors du concert.

C'est une règle fondamentale aujourd'hui de la politique anglaise de s'opposer à l'agrandissement du domaine de l'esclavage. L'opinion anglaise est très ferme sur ce point. En suivant l'opinion, qu'est-ce que le cabinet anglais pourrait craindre? Mais surtout on peut penser qu'il attache un grand prix à reprendre dans les affaires du Nouveau-Monde le rang dont les prétentions exagérées du cabinet de Washington et ses procédés sommaires l'avaient fait descendre.

Si les raisons qu'a la France pour intervenir ne sont pas identiques, elles paraissent être d'un ordre non moins relevé. La France n'est pas indifférente relativement à l'esclavage. Cependant, à tort ou à raison, elle n'apporte pas à l'abolition de cette institution des sociétés primitives la même ardeur, la même passion religieuse que l'Angleterre; mais elle trouve dans sa politique générale et permanente un motif déterminant d'aller au Mexique, motif qui lui est propre et qui n'existe pas pour le cabinet de Londres. Il y a dans la civilisation occidentale ou chrétienne une branche bien distincte qu'on définit par la dénomination de races latines. Elle a son siége en France, en Italie, dans la péninsule hispano-portugaise et dans les contrées que les nations française, italienne, espagnole, portugaise, ont peuplées de leurs rejetons. Elle est caractérisée par la prépondérance numérique ou même par la domination exclusive du culte catholique. Elle n'est pas tout le catholicisme, mais elle en est plus particulièrement la séve et l'éclat. Sans rabaisser personne, on peut dire que la France est depuis longtemps l'âme de ce groupe, non-seulement l'âme, mais le bras. Sans elle, sans son énergie et son initiative, le groupe des nations latines serait réduit dans le monde à ne plus faire qu'une figure subalterne, et il y a longtemps qu'il eût été complétement éclipsé. Elle ne forme pas seulement la sommité du groupe latin, elle en est la protectrice depuis Louis XIV.

Lorsqu'on regarde la mappemonde, et qu'on y compare, à deux siècles environ d'intervalle, l'espace occupé par les peuples catholiques à celui sur lequel se sont assises et fortement retranchées, avec tous les attributs de la puissance et de la civilisation, les nations chrétiennes dissidentes, protestans des diverses communions et grecs, on est frappé et consterné de tout ce que les premiers ont perdu, et de ce que les autres ont gagné et gagnent chaque jour. On est confirmé dans ce pénible sentiment lorsqu'on interroge la statistique sur la progression de la population et de la richesse dans les différens états. Les nations catholiques semblent menacées d'être submergées par une mer qui monte toujours.

Parmi les intérêts divers de la politique française, comme aussi parmi ses devoirs, il n'en est aucun qui soit plus direct et plus grand que de maintenir et de développer la puissance du groupe latin, boulevard du faisceau des nations catholiques. Il est indispensable à la France de soutenir autant que possible l'existence des diverses unités qui le composent, tout comme les nations dont le groupe est formé sont intéressées à ce que la France soit forte et investie d'une grande influence, car elle est pour elles une sœur aînée dont l'autorité est leur sauvegarde. Dans la communauté d'idées et de sentimens qui se fait de plus en plus remarquer entre les nations de l'Europe, il est aujourd'hui exact de dire ce que Napoléon Ier avançait un peu prématurément peut-être il y a soixante ans, que toute guerre européenne est une guerre civile; mais c'est bien plus vrai encore quand il s'agit des conflits entre les nations latines.

Ainsi il importe à la France, il est de son intérêt intime et étroit que l'Espagne soit une nation vivace, douée de grands moyens d'action et pesant dans la balance du monde, qu'il en soit de même de l'Italie, que le Portugal renaisse, autant que le lui permet l'exiguïté de son territoire, à de grandes destinées; que la Belgique, si industrieuse, si libérale et si sage, excepté quand elle dépense son argent à fortifier Anvers, soit comptée pour quelque chose, et que les états fondés avec des matériaux espagnols et portugais dans le Nouveau-Monde grandissent en culture intellectuelle et morale, en richesse et en population, au lieu d'être dévorés par l'anarchie qui les consume presque tous depuis qu'ils ont consommé leur indépendance. A ce point de vue, l'empereur Napoléon III a fait de l'excellente politique lorsqu'il a soutenu l'Espagne et a demandé qu'elle fût classée parmi les grandes puissances de l'Europe. Ce n'est pas seulement le souvenir de sa splendeur passée qui autorise l'Espagne à aspirer à ce rang : elle est fondée à le réclamer par les progrès qu'elle a su accomplir depuis qu'elle s'est soustraite à la malfaisante étreinte du régime du pouvoir absolu. Henri IV et Richelieu ont été de grands politiques quand ils ont ébranlé et diminué la puissance espagnole. C'était la donnée qui convenait à leur siècle. S'ils revenaient au monde aujourd'hui, leur génie procéderait différemment, et s'appliquerait à relever l'Espagne. Du même point de vue, il est impossible de ne pas reconnaître que l'assistance donnée à l'Italie avec tant de résolution et d'à-propos en 1859, pour qu'elle s'affranchît du joug de l'Autriche, et l'impulsion à la faveur de laquelle cette belle contrée a déjà presque complétement accompli son unité, émanent aussi d'une grande politique. La France, appuyée sur les deux péninsules et unie à elles par les liens d'une sympathie réciproque et par mille tendances communes, par les rapprochemens du langage, des habitudes, des idées, et avant tout de la religion, conservera pour leur bien comme pour le sien, et pour celui du monde entier, une influence qui lui échapperait vraisemblablement bientôt, si elle était seule, ou si les autres états catholiques étaient affaiblis et abaissés par leur isolement, désorganisés par des luttes intestines ou rendus impuissans par le morcellement et les rivalités auxquels l'Italie était livrée avant 1859.

En signalant ainsi la nécessité pour la politique française de relever les états peuplés par les races latines, je suis bien loin d'exclure l'alliance anglaise : celle-ci doit être considérée au contraire comme essentielle. Le bon accord des deux nations les plus puissantes du globe est aujourd'hui la condition même de la paix générale et du progrès de la civilisation. Pour chacune des deux, c'est le gage d'une sécurité parfaite, la meilleure garantie du maintien de sa propre prépondérance. L'harmonie des deux cabinets de Paris et de Londres, la communauté de leurs vues sur les événemens principaux et la marche générale des affaires, leur volonté d'exercer une action commune dans les circonstances les plus importantes, sont d'inappréciables bienfaits pour le genre humain. Il peut exister quelque chose de plus intime dans les relations politiques de la France avec les deux péninsules, et l'alliance ici devrait avoir le caractère d'un pacte de famille. C'est que l'une et l'autre l'Angleterre et la France ont une personnalité à la fois trop énergique et trop distincte pour pouvoir s'engager et se lier au même degré. La France se présente avec plus d'avantage pour l'alliance anglaise elle-même, si elle est étroitement unie à l'Espagne et à l'Italie fortement constituées l'une et l'autre, si elle est fondée à se dire l'organe des races latines de l'Europe et du monde entier, et si les états de cette origine sont eux-mêmes fortement organisés et marchent d'un pas ferme dans la voie du progrès.

L'expédition du Mexique se rattache ainsi à des pensées élevées de politique générale. Son succès définitif, ce qui signifie l'affermissement politique et social de ce malheureux pays, est subordonné sans doute à d'autres causes encore que l'intervention et la bonne volonté des puissances qui y ont envoyé leurs soldats ou leurs flottes. Parmi ces causes, sur lesquelles nous ne pouvons rien, il faut ranger la disposition des esprits et des caractères parmi les populations mexicaines. Il n'est pas superflu d'ajouter qu'il y en a d'inhérentes à l'état même de la religion catholique, à l'attitude des chefs de la hiérarchie romaine par rapport aux bases mêmes de la civilisation moderne. Quelle que soit cependant l'issue de l'expédition, les pensées qui me paraissent l'avoir conseillée, et qui tout au moins la justifient, n'en restent pas moins aussi salutaires qu'opportunes, et il faut espérer que la politique française ne s'en départira pas.

Paris. — Imprimerie de J. CLAYE, rue St.-Benoît, 7.

www.ingramcontent.com/pod-product-compliance
Lightning Source LLC
LaVergne TN
LVHW020405230826
846091LV00003B/1149

9782016145050